着物の織りと染めがわかる事典

滝沢静江

日本実業出版社

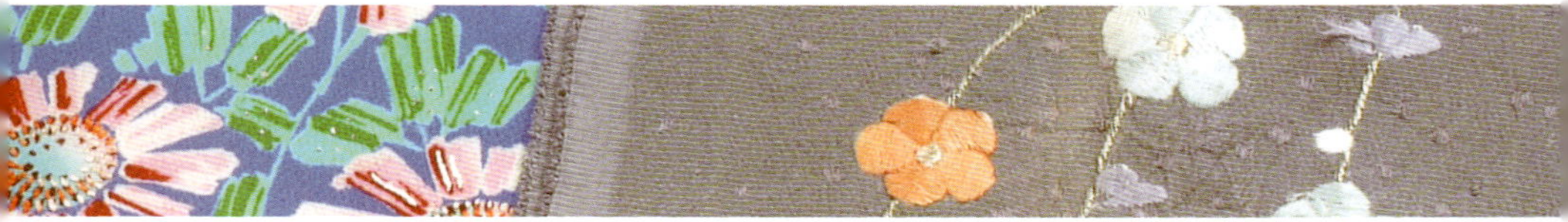

はじめに

きものには、いろいろな呼び名があります。同じきもののことを、染色の技法で呼んだり、生地名で呼んだりします。

たとえば、「このきものは友禅なのよ」とか、「小紋なのよ」といえば染色方法のことであり、「ちりめんなの」といえば生地名ということになります。また、「留袖」「訪問着」「付け下げ」「振袖」などＴＰＯに合わせた格付けのランクで呼ぶ場合もあります。

正確に表現するには、「ちりめんの生地に友禅染めという技法を用いた訪問着です」というべきかもしれません。

そのほか、「結城紬」とか「大島紬」のように、産地の名がつけられているものもあります。

きものは、儀式や行事、日常生活の中から必要に応じて生まれ、長い年月をかけて育まれてきたものです。その時々の場で呼びやすい名で呼ばれ、それが習慣づけられて伝わってきたため、学問的に体系づけられたり整理されてこなかったために、さまざまな呼び方が生まれたのでしょう。

しかし、日常生活からきものが遠くなってしまった現代では、親から子、子から孫へと伝承がおぼつかなくなってしまい、若い人々にはしばしば混乱をきたすことがあるのかもしれません。

そこで本書のように、わかりやすく整理をしておくことも有意義かと考えまし

た。

きものを大きく分けると、二種類に分けられます。それは、「先染めのきもの」と「後染めのきもの」です。

先染めというのは、糸のうちに色を染めて織り上げる反物のことで、代表的なものに「紬」「御召」「木綿絣」などがあります。

後染めというのは、糸を染めずに白糸のまま反物に織り上げ、そこに「小紋染め」や「紅型染め」、「友禅染め」などを施したもののことをいいます。

白糸で織った反物は「白生地」と呼び、代表的なものに「ちりめん」「綸子」「羽二重」などがあります。

このような工程の違いから、後染めのきもののことを別名「染めのきもの」ともいいます。これに対して、先染めの紬などのきものを「織りのきもの」と呼んでいます。

どちらも、染めたり、織ったりするわけですが、糸の段階で染めるものと、反物に織ってから染めるもので、「染めのきもの」「織りのきもの」というように呼び名が違ってくるのです。

本書は、日本にさまざまある「染めのきもの」「織りのきもの」の中から代表的なものを、産地別に紹介しています。一人でも多くの愛好家のお役に立てれば幸いです。

二〇〇七年五月

滝沢静江

着物の織りと染めがわかる事典

目次

写真：森脇章彦

デザイン：関根康弘（T-borne）
イラスト：安田ナオミ
原田美香

写真協力：株式会社大島紬村
株式会社高橋徳
有限会社草紫堂

衣装協力　滝沢きもの資料館
滝沢静江きものアカデミー

撮影協力　茶谷広子
松田千穂

染めと織りの産地

全国各地で、さまざまな染物や織物がつくられている。本書では、知っておきたい有名なもの、また現在も流通していて入手しやすいものを中心に紹介している。

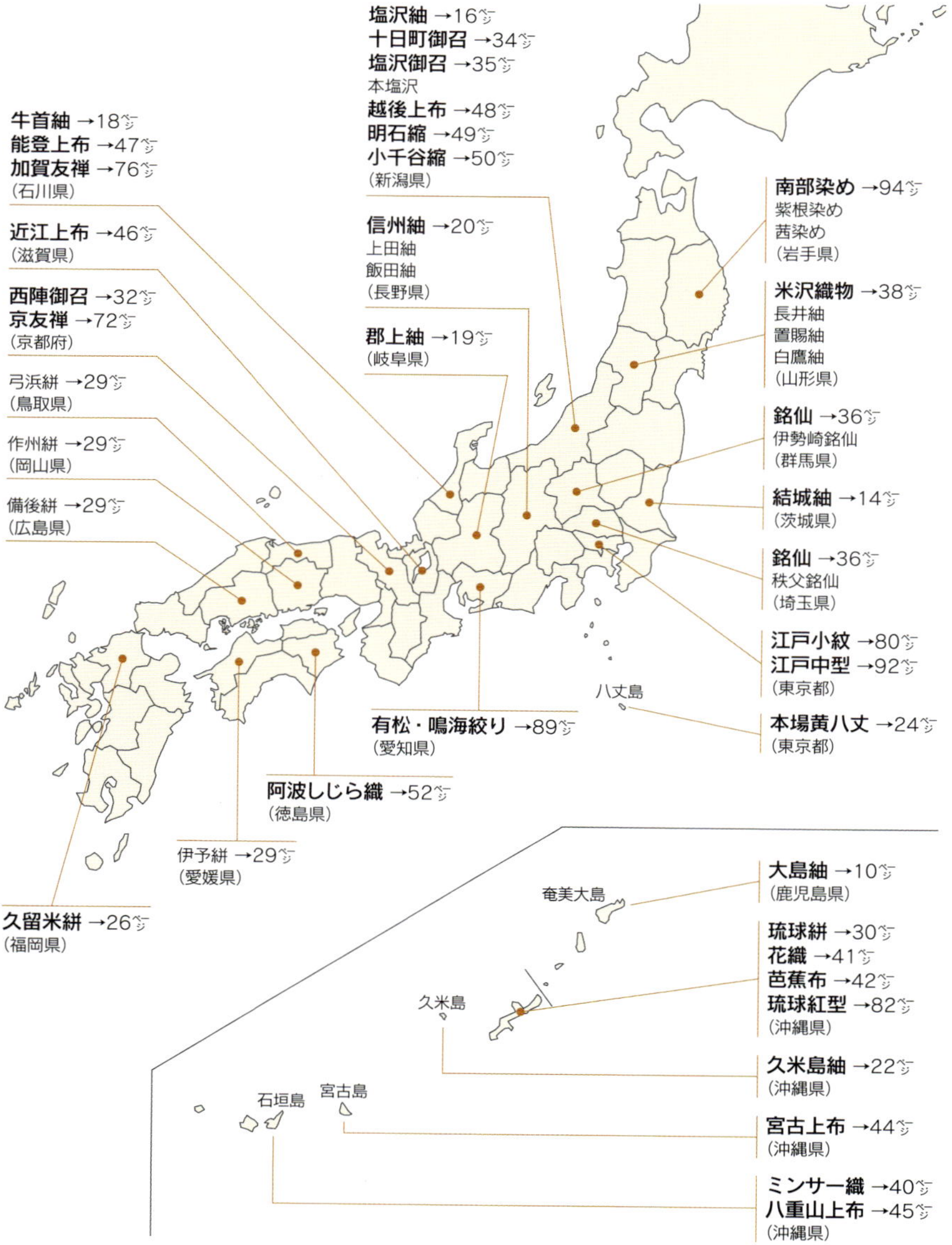

第一章 織りのきもの

大島紬

つややかな黒とさわやかな肌触りが魅力

おおしまつむぎ◆産地：鹿児島県大島郡

生糸で織る大島紬は、結城紬よりも一段とつやがいい。普段着からおしゃれ着へと格が上がり、最近では付け下げや訪問着まで織られている。

大島紬には、泥大島・泥藍大島・草木染大島・白大島などがあり、化学染料が使われるようになってからは、色大島も織られるようになった。

丹精込めた泥染めと織り

大島紬は、同じ紬でも結城紬のように真綿からつむいだ糸ではなく、生糸を使って織られる。美しいつやと軽くさわやかな着心地、そして、泥染めの堅牢さが特徴である。

その模様は単純な十字絣から精巧なものまで、絣で表現される。蘇鉄《そてつ》など、島の自然が図案化されているという。

絣糸《かすりいと》は、かつては括《くく》り絣といって手で糸を括ってつくったが、現在では、図案を使って締機《しめばた》で糸を括っていく。この締機で織った布（この布を絣筵《かすりむしろ》と呼ぶ）を染色し、それからほどいて、絣の柄が合うように丹念に織っていく。

全体は大きな市松模様で構成されている。その一つ一つの中に細い絣で模様を織り出している。大島紬にしては現代的なモダンな柄である。八掛や帯によって幅広く着られる泥藍染。

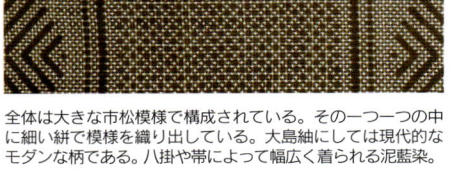

幾何模様をタテヨコ絣で織り出した濃い紫の草木染大島。反物で見るより仕立て上げて着たほうが、ずっと引き立って華やかである。中年以上の人にすすめたい一品。

島の自然から生まれる色

泥大島の染料となるのは、春に梅のような白い花が咲く車輪梅《しゃりんばい》（地元ではテーチギと呼ぶ）である。その幹を煎じた液に糸をつける。

最初は淡いベージュ色に染まる程度だが、その糸を干してまた液につけるとやや濃くなる。この工程を何十回も繰り返すと濃い色になるのだ。

その糸を泥田の中につけて何度も何度も素手で揉むと、車輪梅のタンニンと泥田の中の鉄分が和合して、堅牢で美しい風合いを生む。また、タンニンの薬用効果が女性の婦人病を防ぎ、造血剤にもなるという。

この泥染めに藍を加えれば「泥藍染め」となる。

フォーマルも開発

手間暇かけた大島紬が高価なのも無理はないが、おしゃれな趣味

タテヨコの細い十字絣の白大島。男物であるが、女性が着ても素敵。着こなし一つで粋にも、モダンにも、上品にもなる。

大島紬ができるまで

大島紬は複雑で手間のかかる工程を経て完成するが、ここでは特徴的な工程を紹介しておく。

1 車輪梅の幹を砕いて煎じる。こうして茶色の染料ができる。

2 車輪梅の液。ここに糸（あるいは絣筵）をつけて染める。繰り返すほど濃い色になる。

3 泥染め。どこの泥田でもよいわけではなく、いくつかの場所に限られている。車輪梅のタンニンと泥の鉄分が化学反応を起こして黒く染まる。

4 絹糸は締機を使い、あらかじめ図案に沿って筵状に織締められる。固く織る必要があるので男性の仕事とされる。

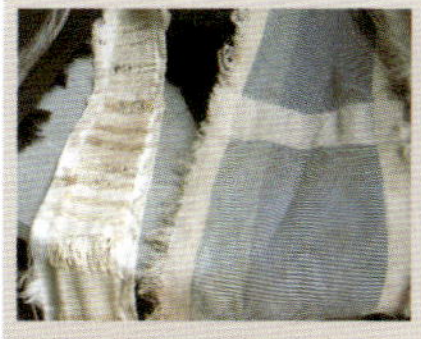

絣筵。綿糸で防染されたところは白く染め残る。

5 車輪梅染めを二十回、泥染め一回を一工程として、これを四回程度繰り返すと、深い黒い色になる。

6 染料を使って、絣筵に色を刷り込む。

大島紬村では、大島紬の製作課程が見学できるほか、泥染めや手織り、着付けの体験、製品販売などを行っている。
(株)大島紬村　〒894-0411　鹿児島県大島郡龍郷町赤尾木1945
Tel.0997-62-3100　URL：http://www.tumugi.co.jp/

のきものとして用いられ、いくら高価でも正装にはならないといわれてきた。

しかし、最近はフォーマルな場所にも着られるように模様が考案され、織りのきものとはいっても、大島紬の訪問着などもつくられるようになっている。

上前の肩から裾にかけて模様取りした片身代わりの訪問着。この大胆な模様は、全面に細かな絣で織られている。

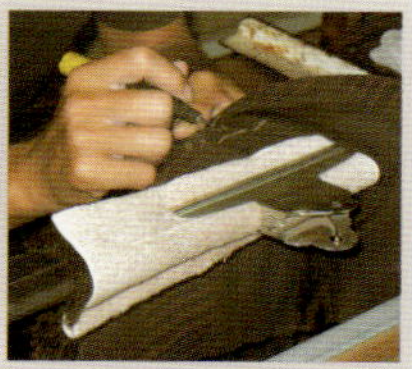

7 絣筵の綿糸をほどく。絣模様の入った糸ができる。

8 糸を織機にかけ、絣模様がきちんと合うように織り上げていく。

写真協力：(株)大島紬村

着こなしのアドバイス

生糸で織るため滑りやすく、さらさらと体に馴染みにくい面もある。また、シミができると落ちにくいので、飲食の際は、特に酸に注意を。

結城紬

ゆうきつむぎ◆産地：茨城県結城市

最高の手業で織る紬の代表格

結城紬は真綿から撚り出した糸で織るため、ふわっと暖かい。撚り手は指先に唾液をつけながら、丹念に糸を引き出していく。

江戸時代に発展した織物

高級品の代名詞のようにいわれる結城紬だが、原点は奈良時代の「あしぎぬ」にあり、もともとは生糸で織った粗い絹織物。室町時代には常陸《ひたち》紬の名で室町幕府などに献上され、全国的に知られるようになった。

江戸時代に入るとさらに改良が加えられ、精巧なものがつくられるようになる。これは当時の幕府の代官伊奈備前守忠次《いなびぜんのかみただつぐ》が、信州上田から腕のいい職工を招いて力を注いだためともいう。

城下町として栄えた結城地方は、農耕も開けて桑の木の生育もよく、農家の副業として織物が盛んに行われた。そして結城紬の名は、一般にも定着していったのである。

真綿から手仕事で撚り出す糸

一枚の結城紬を織り上げるためには、長い月日といくつもの工程が必要である。高度な技と勘と経験が要求される伝統的な糸紡ぎ、絣括り、居坐機《いざりばた》などは、国の重要無形文化財に指定されている。

この精緻な美しい布には、生糸にならない屑繭《くずまゆ》や、玉繭を真綿にして紡いだ糸を用いる。真綿から紡いだ糸で織るから、ふんわりとした暖かさ、柔らかさと、体になじむ着心

白地に絣織で模様を織り出すと、全体が白っぽい感じになる。これは秋口より春先に着たほうが、さわやかである。

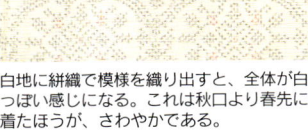

地のよさで人気がある。

結城紬の風合いのよさは、真綿から糸を引き出す紡ぎ方にかかっている。指につばをつけながら、撚りつつ糸を引き出していく。そのためには、技はいうまでもないが、健康な人の唾液が必要となる。紡ぎ手は、ストレスを極力避けなければならないという。

きもの一枚に必要な真綿の数は三百五十枚にもなり、糸を撚るのに熟練者でも三か月もかかるのだそうだ。

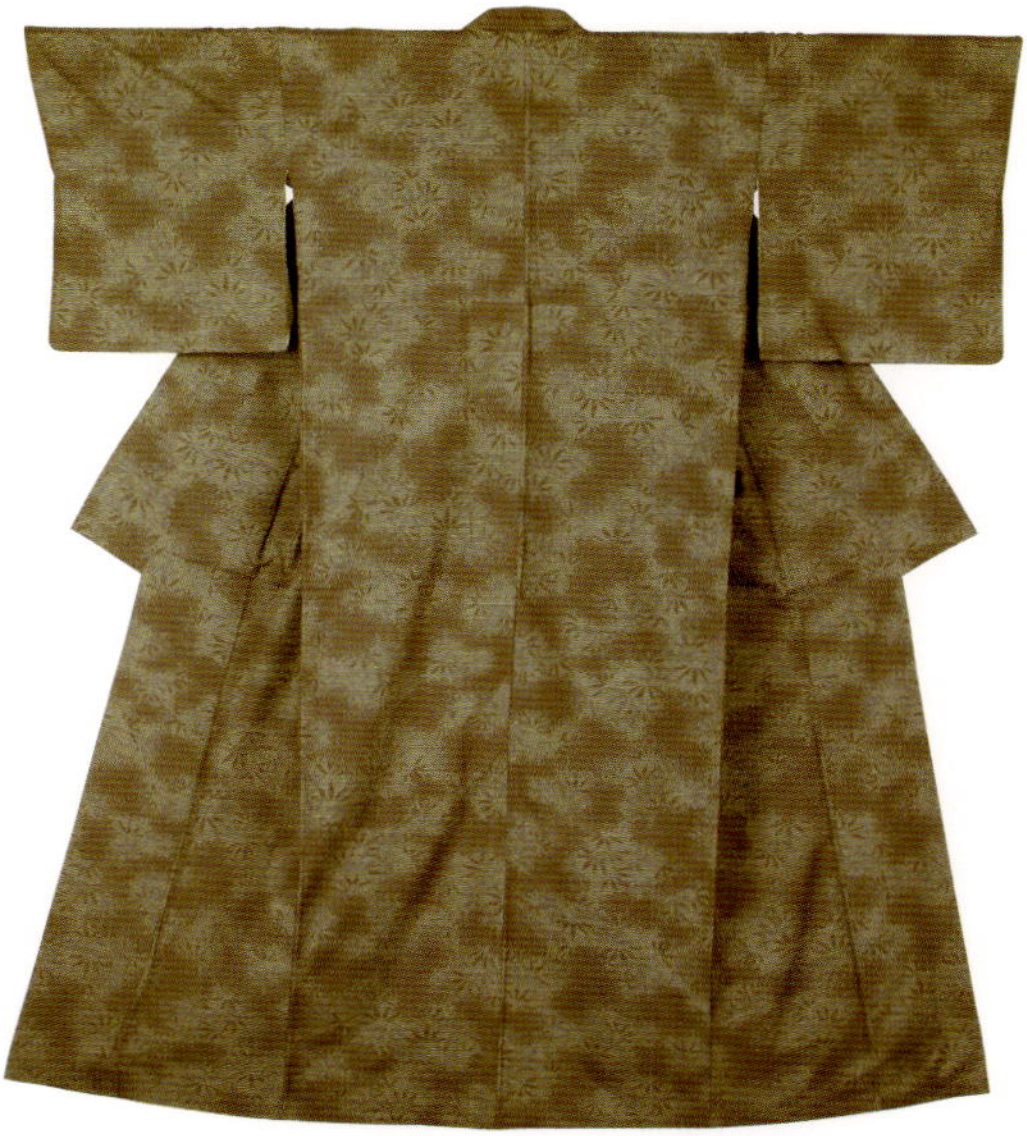

細い絣で模様を織り出している。モダンなデザインがぼかしたように織られており、一見すると染めではないかと見まごうほど現代的な作品である。

昔からの結城紬らしい柄。多彩な色使いが特徴的である。最近は財布や名刺入れなどの小物によく見かける。

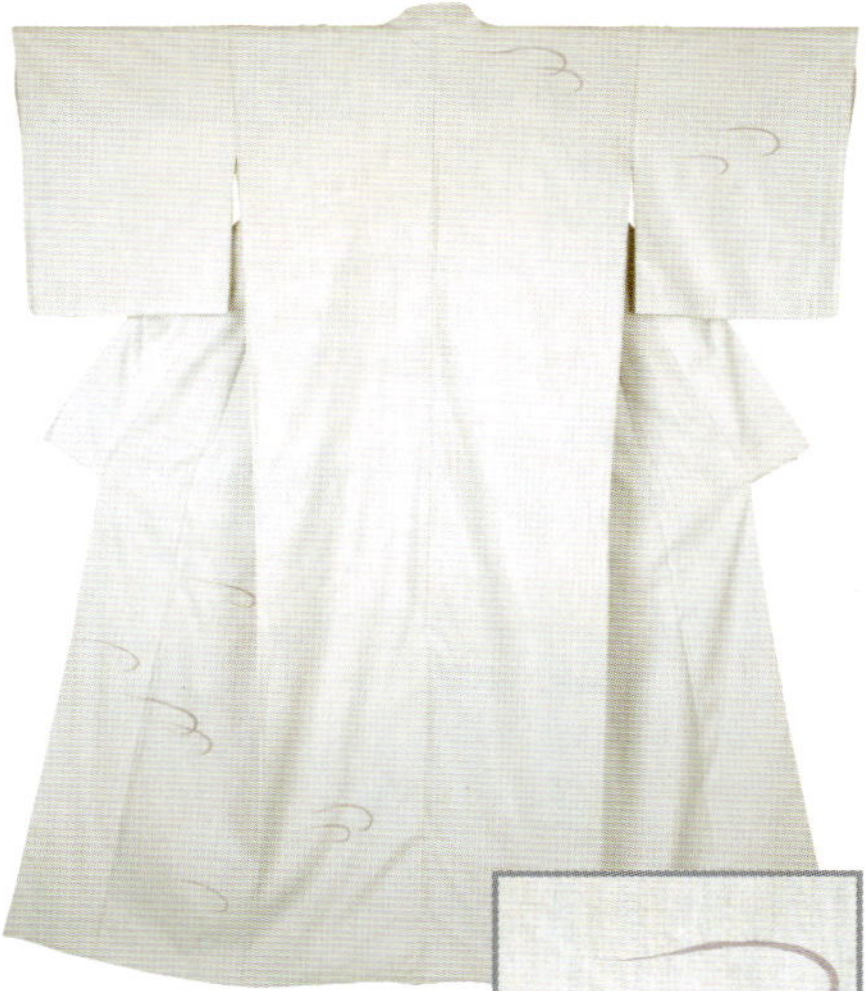

シルバーグレーとローズがかった二色の糸を、無地に織った結城紬。柄は絣による表現ではなく、刺繍である。

着こなしのアドバイス

体に馴染みやすいので着崩れしにくい。袷に仕立てれば十月から五月まで着られるが、四月や五月に着るより、秋から冬にかけてのほうが、より結城のよさが引き立つように思う。

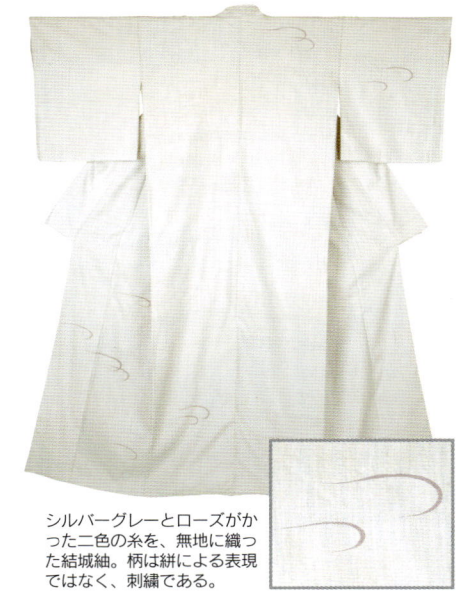

塩沢紬

しおざわつむぎ◆産地：新潟県越後地方

表面の小さな節や素朴な模様が味わい深い

「国境のトンネルを抜けると雪国であった」――深い雪の中で、真綿から紡ぐ柔らかくて暖かく、そして肌にやさしい塩沢紬が織られる。

真綿の手紡ぎ糸で独特な風合い

湯沢・塩沢・六日町一帯で産する織物のことを塩沢織物という。本塩沢・夏塩沢も有名であるが、中でも塩沢紬は、越後地方を代表する織物である。

その土台には、この地方に古くからあった越後上布の絣や、縞の模様付けの技術が活かされているが、素材は上布の麻に代わって、真綿の手紡ぎの糸を使用している。真綿を使用するために、光沢が少なく、表面に小さな節がある。それが独特な風合いを出す。

細かな絣や縞の模様は、素朴だがなかなかおしゃれである。

昔は居座機という座って織る機であったが、十八世紀に腰掛式の高機《たかはた》が導入されて、量産もできるようになった。

とはいっても、真綿の手紡ぎの糸を使用するので、そう大量に生産できるというものではないが、一度着た人には、その感触に人気がある。

女性のきものに仕立てる場合、きものが地味なので、帯で遊ぶと面白い。節の粗い紬の無地などを締めれば洋服感覚でまとめられ、織物同士のよさが出る。

きものと羽織を同柄で揃える

以前は、細かい絣は男物として一匹（二反分）織られることも多く、それをきものと羽織の対にして着た。

軽くて暖かいので、お年寄りの御隠居などにも人気があった。

また男柄の一匹を、一反ずつ、二人で分けて、女物のきものに仕立てて着るのも、なかなかモダンである。

男物として織られた細い十字絣を女物に仕立てたきもの。八掛を換えれば幅広い年齢で着られる一生物。手紡ぎのぬくもりが、何とも肌にやさしい。

着こなしのアドバイス

染め帯を選ぶときは、塩瀬のようなつやのある生地より、紬や鬼シボちりめんのようなものが合うと思う。

牛首紬

うしくびつむぎ◆産地：石川県石川郡白峰村

玉繭から紡ぐ糸を使用した丈夫で張りのある織物

白峰村は昔、牛首村と呼ばれたのでこの名がある。釘に引っかけても釘のほうが抜けてしまうほど丈夫だといわれ、釘貫紬という別名もある。

玉繭から直接糸を引く

牛首紬は、平治の乱で落ち延びた源氏の子女が機織《はたおり》の技術を伝えたのがはじまりという。麻が主だったが、明治の末頃から絹の紬が増産されるようになった。

その特徴は玉繭を使用すること。玉繭とは二匹の蚕が一つの繭をつくったもので、大きく丸い。糸の太さにばらつきがあるので、同じ太さに調整しながらじかに糸を引くのは難しい。通常は不良品扱いになり、屑繭や玉繭は、真綿にしてから糸を紡ぐことが多い。

しかし、牛首紬は九十度から百度の釜で玉繭を煮ながらじかに糸を引く。熟練を要するが、引かれた糸は太く丈夫で味わいがある。

着こなしのアドバイス

丈夫なのが自慢の牛首紬だが、張りがあるので、すらりとした人によく似合うように感じる。体格がよい人は、下着を薄めにしたり、単衣にして着るのもよいだろう。

丸くて大きい玉繭からつくられた白い牛首紬は素朴。縞柄と違う雪のような美しさがある。

郡上紬

ぐじょうつむぎ◆産地：岐阜県郡上八幡

平家の落人が織った草木染めの野蚕糸

平家の落人たちが伝えたという織物。色も草木染めで、素朴なぬくもりと、都会的で洗練されたセンス、上品さが感じられる。

素朴さと洗練さを併せ持つ

郡上紬は、日本では珍しいエリ蚕《さん》を使った織物である。エリ蚕とはインドのアッサム地方が原産の蚕のこと。紡いだ糸は、親子三代着られるほど丈夫なうえに、日本の絹にウールを加えたような感触である。

郡上には、平家の落人たちが残した、独特の郷土文化が伝わる。

郡上踊りも有名だが、郡上織もまた、平家の落人たちが野蚕《やさん》糸を紡いで、草・木・根などで染め、都人の感覚で織り上げたのがはじまりという。

一時は消えかけていたが、昭和二十二年、宗広力三氏の献身的努力によって復興したのである。

着こなしのアドバイス

絹というよりウールでは、と思うほどの肌触りからは、独特な感触と暖かさが伝わってくる。素朴だが垢抜けているので、淡い色の帯が合うように思う。

グリーンともモスグリーンともつかぬ色の深さは、草木染めによるもの。格子であるが、色のためにやさしい雰囲気である。

信州紬

しんしゅうつむぎ◆産地：長野県

本来は草木染めの縞や格子柄が主体

信州紬は昭和五十年、いち早く国の伝統工芸品に指定された。もともと自家用として織られたものだけに、風土に根ざした個性が光っている。

真田家が機織を奨励して普及

信州紬とは、上田・飯田・伊那・松本など長野県（信州）で織られている紬の総称で、それぞれの産地ごとに特徴がある。

本来は草木染めであるが、その歴史は古く、天平時代に遡るという。天正十一（一五八三）年、真田昌幸が上田城を築城した際に機織を奨励して大きく発展したといわれる。その名をとった真田織も、科《しな》の木の皮や、苧麻・野蚕等を用いていた。

江戸時代には、信州の各藩が養蚕に力を入れたので上質のものが生産されるようになった。

代表格の上田紬が本格的な発展を見せるのは、十七世紀後半になってから。十九世紀前半には藍染めの碁盤柄、つまり格子や縞柄で、丈夫な布が織られるようになった。京、大阪までの「紬飛脚」が仕立てられたほどの評判だったという。

地域ごとに特色ある織物

上田紬のことを、別名「三裏縞」などとも呼んだが、これは表地が丈夫すぎてなかなか傷まず、裏地を三回取り替えてもまだ使える、ということから名付けられたという。

その後、飯田や伊那地方でも、玉繭や屑繭

藍染めの碁盤柄が特色であった上田紬も、現代では化学染料を用いてさまざまな色に染めることができる。単衣にしてもさわやかな色。

から糸を紡ぎ、周辺に自生する植物で染めることが行われるようになった。

松本では、南安曇《あづみ》郡穂高町有明の天蚕糸を使って、山繭紬を織っている。光沢があって軽く、しなやかな紬である。最近は白生地も人気があって、後染め用として愛好されている。

「三裏縞」の名にふさわしい、しっかりとした地厚の上田紬。単衣に仕立てて、少し早いが五月下旬頃の暑い日や、六月の単衣のシーズンに使用するといい。

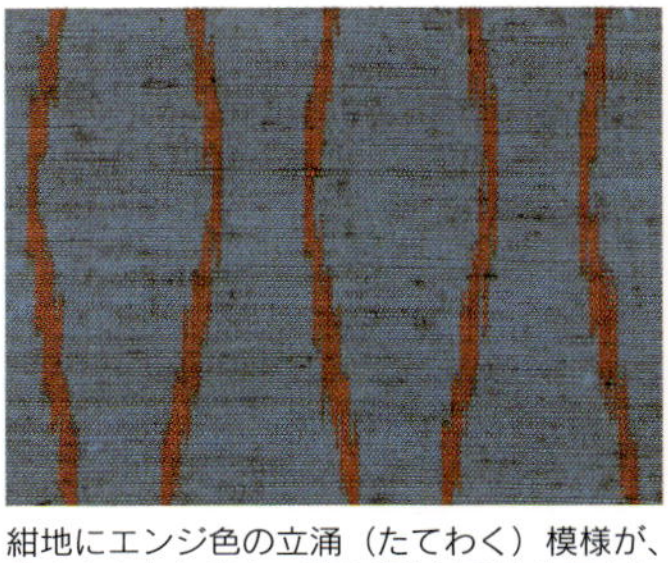

紺地にエンジ色の立涌（たてわく）模様が、若さをかもし出す。帯の色や結び方を工夫して、若い人に似合う。しなやかな素材なので、袷にして着たい。

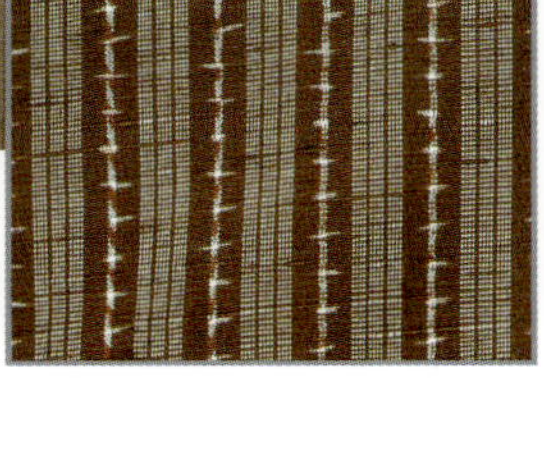

こげ茶に細かいエンジ色の縞が、モダンな感覚を引き出している。縞の中には、さらに絣が織り込まれているのが面白い。

着こなしのアドバイス

縞や格子などが多いので、カジュアルな感覚で着られる。帯の結び方や小物を工夫して、おしゃれに着こなしてみては。

久米島紬

くめじまつむぎ◆産地：沖縄県島尻郡久米島町

琉球王朝が育んだ精緻な技法の織物

どこかエスニックな感じがする、暗いこげ茶色の久米島紬。大島紬とほぼ同様の泥染めで、しっかりと染めた糸を丹念に織り上げる。

車輪梅と泥が生み出す深い色

久米島紬は、別名、琉球紬とも呼ばれ、真綿から紡いだ手紡ぎの糸を使用するものと、玉繭からとった玉糸を撚ったものとがあった。

その特徴は、泥染めにある。車輪梅などの樹木を煎じた液の中で、糸を何度も染めた後、泥溜の中につける。車輪梅の中に含まれるタンニンと泥溜の中の鉄分とが融合して、黒に近いこげ茶色ができる。

そして最後に、柔らかな風合いを出すために砧《きぬた》で打つ。

この泥染めの技法は本場奄美大島紬で行われているものとほぼ同じだが、奄美大島へは久米島から伝えられたといわれている。

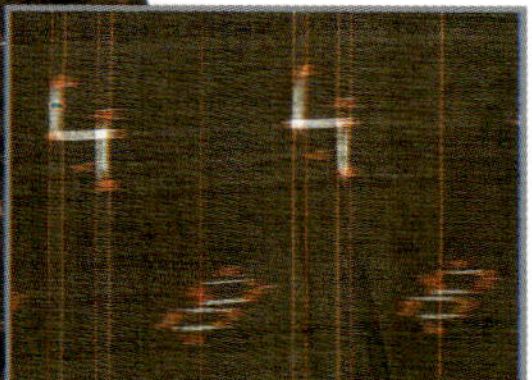

久米島紬の特徴は、基本的に一人の手によってすべての工程が行われること。同じような地色に同じような絣の柄でも、組み合わせ方や色の出し方に、一人ひとりの個性がにじみ出る。

グール（さるとりいばら）とテーチギ（車輪梅）の染料を用いて、鉄分を含む島の泥で染める。そして砧で打って仕上げてつやを出す。この手間がこげ茶色の渋い布を生む。

貢納布として品質が向上

沖縄本島より西に約百キロの海上に浮かぶ久米島は、古くから交易が盛んであった。さまざまな文化の影響を受けており、芭蕉布や麻、木綿などが中心だった時代にも、絹織物が織られていたのである。

どの地方でも、織物は貢ぎ物として用いられることが多かったが、久米島紬も例外ではなく、琉球王朝の貢納布《こうのうふ》であった。そのため、より上質なものが要求され、共同工房のような「布屋」では、役人が指導にあたっていた。

この年貢のために、十五歳から四十五歳くらいまでの女たちが働いたが、それは明治まで続いたという。

着こなしのアドバイス

帯は塩瀬のようなものより、同じ沖縄の織物である読谷の花織や、紬の紅型、黄八丈の織り帯などが似合う。久米島紬の生地は意外に薄地なので、乱暴に扱わないこと。

本場黄八丈

ほんばきはちじょう◆産地：東京都八丈島

江戸時代の町娘に愛好された布

黄八丈は町娘だけでなく、将軍から大名へ、また御殿女中などへの贈物にも用いられた。黄色は不浄を払う色として、尊重されていたのである。

八丈島の繭と植物が生んだ布

江戸時代の後期、町娘の代表的な衣裳として大流行した黄八丈は、丈夫で、美しい色と着心地のよさで人気を呼んだ。黄八丈とは、「八丈島で生産された黄色の織物」という意味だが、そもそも八丈島の名も、「八丈絹」という長さ八丈（二十四メートル）の絹織物を産するところからつけられたという。

本来、上質の黄八丈は、繭は昔から島に伝わる「島もの」と呼ばれる品種を用い、染料は島に自生する刈《かり》安《やす》という植物を使った。

糸は、刈安を煎じた汁につける煎《ふ》汁《し》付《づ》けと、天日干しをそれぞれ何度か繰り返す。その後、椿とヒサカキの灰のアク汁で媒染して発色させると、それは美しい黄金色に輝くのである。

しかし、現在は自生の刈安も、天然の繭も少なくなってしまった。

格子が代表的な柄

黄八丈の基本的な柄は格子であるが、格子に使う樺色の染料は、マダミというクスノキ科の木の樹皮からとる。

地色を黒にして格子を黄色にする場合もあり、黒の色を染

黄八丈の帯。太い糸でしっかりと織られているので、八寸幅を、帯芯を入れずに両端をかがって使用する。民芸調で味わいがある。

める染料は、スダジイの樹皮を乾燥させてつくる。その中で染めた後、大島紬と同様、鉄分を含んだ泥を用いて泥染めをする。

秋田の黄八丈や、五日市の黒八丈というのもあるが、それらは一般には秋田八丈と呼び、本場黄八丈と区別している。

一般的な黄八丈の格子柄であるが、これくらい地色が渋めだと、中年の人にも着られる。帯も同じ黄八丈でまとめると落ち着く。

黄八丈は長さが八丈と、普通の反物の二倍あるので、昔はきものと羽織を揃えて着ることもあった。

着こなしのアドバイス

黄八丈の格子柄は、本来は正式なところには着られなかった。しかし、現在でも島の娘たちは、黄八丈の無地に、地紋織をしたもので振袖を仕立て、成人式に着るという。また、中年者なら地色が渋めのものを。

スダジイの樹皮からとった染料を地色にして、格子柄を黄色にしたもの。一般の黄八丈の格子より小さい。着ると粋な雰囲気である。

久留米絣

くるめがすり◆産地：福岡県久留米市

バンカラ学生の定番 丈夫で細かい絣

久留米絣は、戦前の学生や書生たちが用いた細かい絣で有名である。丈夫で長持ちするため、男子学生たちにも愛好されたのである。

タテ糸・ヨコ糸ともに絣糸を用いる

絣という名の由来は、かすれたような柄からきている。もともと東南アジアから伝えられた技法だという。日本には各地に独特の絣があるが、中でも久留米絣は〝絣の王者〟であろう。

久留米絣の特徴は、木綿であることと、糸は手括《くび》りで、正藍染め、手織りであることにある。

同じ絣でも、絣柄を染めたタテ糸に、無地のヨコ糸を使って織るものもあるが、久留米絣はタテ糸・ヨコ糸ともに絣柄を染めた絣糸を使う。これを「タテヨコ絣」というが、絣模様をきちんと表現するには、それだけ高度な技術が求められる。

江戸時代、有馬藩ではしばしば質素倹約令を出し、

麻の葉模様の久留米絣。このような大柄は女性用で、男性は用いない。八掛の色を変えれば、若い人から年輩まで幅広く着られる。

木綿を奨励した。そうした時代背景の中で、久留米の木綿絣の技術は完成されていったのである。

手作業で生み出される絣柄

藍地に、白のくっきりとした絣柄を出すには、まず絣の糸を手作業で括る作業が大切である。手括りの糸には、粗苧という麻の一種の表皮が使われる。粗苧で括られた部分は、染色の後、白く残ることになる。

括った糸は藍がめの中で何度も繰り返し染められるが、引き上げられるたびに、固く絞られては地面に強

久留米絣にしては藍の色も明るく、斬新なデザイン。細かい絣で格子が構成されている。重要無形文化財技術保持者の森山虎雄氏の作品。

大切に育てられる藍

久留米絣を染める藍はとても〝気難しい生きもの〟である。

藍染めの染料として使う藍玉のことを「すくも」というが、これをつくる人は、すくもを抱いて寝るくらいの愛情をかけないと、いい藍ができないという。

明け方、ちょっと気温が下がって寒くなると、いい色が出ない。そこで寒いときには、すくもにワラの布団をかぶせてやる。微妙な気温の変化がわかるように、冬でも窓を少し開けて寝る。冷え込んできたと感じたら、ワラをもう一枚かぶせにわざわざ起きてゆく……。

そのくらい温度調整が難しく、手塩にかけて育てなければ本物には育たないそうだ。

く叩きつけられる。この工程を経ることで、一本一本の糸の隙間に空気が入って藍が酸化し、括った根本までよく染まるのだそうだ。

こうして染められた絣糸を、タテ・ヨコに巧みに用いて絣柄を織り上げるわけだが、織り手の技もまた、重要で難しい作業である。絣足が揃っていないと、美しくない。

久留米絣は丈夫で、洗えば洗うほど白が浮き立ってくる。それゆえに、バンカラ学生にも愛用されたのである。

遠目には無地に見えるような十字絣。このようにタテ糸とヨコ糸がずれないように十字に織るには、熟練を要する。これは男物のきもので、女物のようにおはしょりはつくらずに、対丈（ついたけ）で着る。袖は人形といって、振りは塞いである。

着こなしのアドバイス

現在では実用的なものから、かなりおしゃれで繊細なものまで織られている。本物の藍染めなので、仕立てる前に呉服屋などに頼んで色止めをしておくこと。

郷土で異なる絣模様

日本には、各地に味わい深い絣がある。現在でも知られる久留米絣や弓浜絣、備後絣、作州絣、琉球絣などのほか、倉吉絣、広瀬絣、大和絣、薩摩絣、島原絣など、今では忘れられてしまった絣もある。

絣の産地として知られる島根・岡山・広島・愛媛などは地域的にも近く、人や文化の交流も盛んであった。伝えられた絣がそれぞれの地で独自に発達し、現在のように個性のある絣をつくりあげていったのである。

代表的ないくつかを紹介しておく。

弓浜絣　ゆみはまがすり

産地：鳥取県米子市・境港市

伊予から伝わった絵絣がもとだが、「種糸かき」といって、ヨコ糸に型紙で図柄を写す工程の工夫により、さらに精緻な曲線の表現が可能となった。丈夫でしっかりした織物なので、袷にするとどっしりと重く感じる。胴裏は薄めで丈夫なものを選ぶとよい。

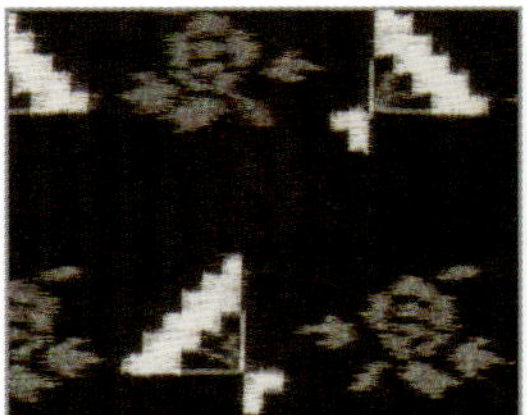

作州絣　さくしゅうがすり

産地：岡山県津山市

紺地の絵絣や幾何絣は、倉吉絣の影響を受けている。一時途絶えていた作州絣をよみがえらせたのは、織元・杉原博氏の功績も大きい。紺の地色と白の部分が鮮やかなのが特徴である。

備後絣　びんごがすり

産地：広島県福山市

備後絣は、井桁模様からはじまったといわれる。それまでは太糸縞という縞木綿が織られていたが、幕末から明治にかけての頃に、絣を織るようになった。

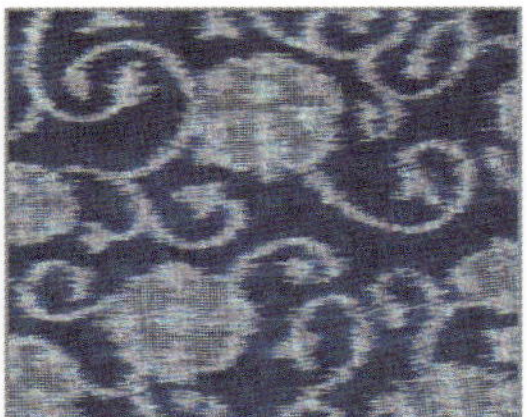

伊予絣　いよがすり

産地：愛媛県松山市

伊予の絵絣は、本来は嫁入り用か、来客用の布団地用として織られていたので、めでたい柄が多かった。しかし現代では、種紙を使った複雑な絵模様も織られている。

琉球絣

りゅうきゅうがすり◆沖縄県島尻郡南風原町

南国の風土が生んだ素朴な絣模様

本来、琉球絣とは、沖縄産の山藍で染めた紺絣のことを指す。量産できないので、現在では民芸品的貴重な存在である。

もともとは沖縄本島の木綿絣

古くは沖縄の織物でも木綿のみに絣模様が織られていたため、「琉球絣」とは木綿絣の代名詞であった。沖縄本島で生産され、染色や水洗いを何度も繰り返すために非常に堅牢な布で、紺の色もくっきりとなかなかよい趣があった。

この頃では、絣模様を絹や木綿などに染めたり織ったりした沖縄で産する布を「琉球絣」と呼んでいる。

島の風物をモチーフに

琉球絣は、本来はヨコ糸にのみ絣糸を用いるヨコ絣だったが、本土との交流が盛んになるにつれて、タテヨコの絣も織られるようになった。

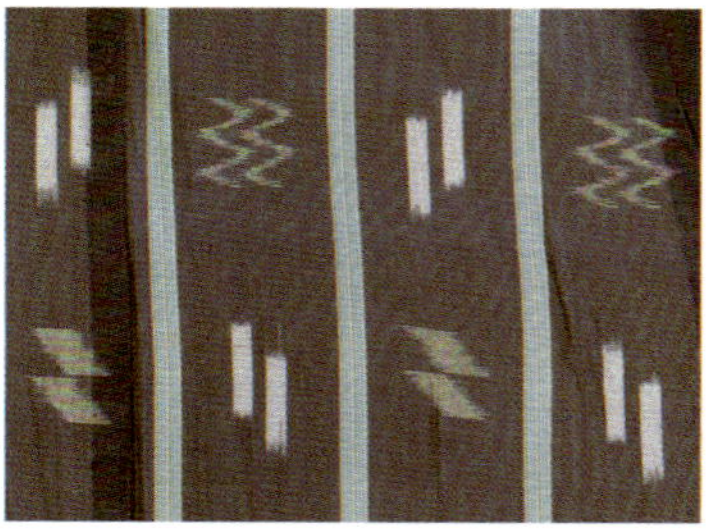

深い藍地に幅広いタテ縞。その間にヒチサギー（沖縄の方言で「引き下げる」の意）と呼ばれるタテ絣と水琉球が配置されている。

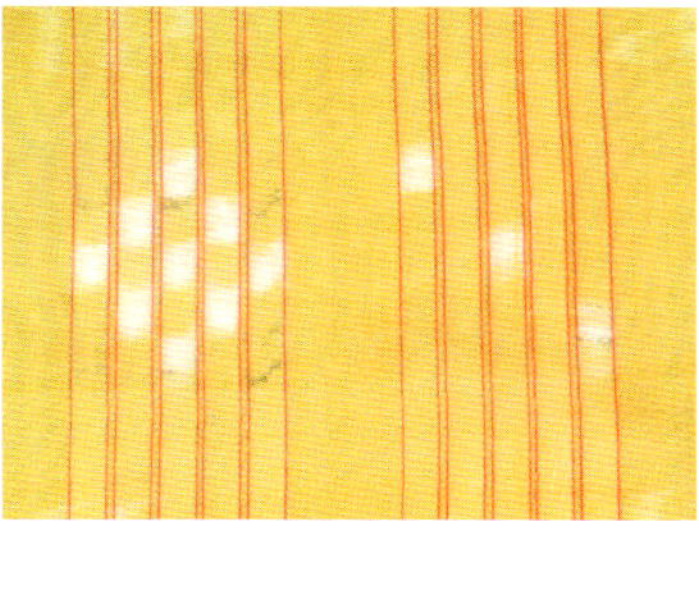

首里上布といって、絹糸を駒織にして織ったもの。しゃっきりとした透けた夏の織物。格子縞が主であるが、このような縞もある。格子や縞の間に白玉という絣模様を織り出したもの。

鳥の模様の鳥琉球や、水の模様の水琉球、バンジョウと呼ぶタテヨコ絣、さらにヒチサギーというタテ絣などを組み合わせた絣模様が特徴的である。

江戸時代、琉球は薩摩藩に支配されていた時期もあり、琉球絣は上納品として納められ「薩摩絣」として売られた。しかし、薩摩絣とは琉球絣のことである。

沖縄本土で織られた紬の琉球絣。一見、久米島紬に似ているが、色も金茶がかっていて、黒味がない。素材も絹だが光沢がある。

タテヨコの鍵型のバンジョウという絣模様と、ツバメ柄の鳥琉球とを組み合わせたもの。本来は木綿に織られた絣だが、現代は絹にも織られている。

着こなしのアドバイス

沖縄の織物は独特の味わいがある。南国の雰囲気を感じさせる布であるから、合わせる帯も、沖縄土着の色柄を使ったほうが、しっくりくるだろう。

西陣御召

にしじんおめし◆産地：京都府京都市

上品な光沢とシボを持つ
将軍にも愛用された絹織物

徳川家斉が好んだところから「御召」の名がついた。縫取、細かい縞、紋などの御召は高級品として、戦前まで庶民の間で広く着られていた。

ちりめんよりもシャキッとした手触り

御召とは「御召縮緬《ちりめん》」の略称で、柳条縮緬という江戸時代の先染めの縞ちりめんが原点である。

この柳条縮緬を徳川十一代将軍家斉《いえなり》に献上したところ、将軍が好んで着用し、専用の留柄をつくってお召しになったところから、この名が生まれたといわれる。

西陣御召には、紋御召・絣御召・縞御召・無地御召などがある。先染めの絹織物の代表格であり、昔から高級品として愛用されている。

ちりめんと同じようなシボと光沢があるが、ちりめんよりやや硬く織り上がる。糸のうちに精練するため、絹のもつセリシンという膠質《にかわしつ》がなくなる。そこに染色を施すので、糸がシャキッとするのだ。

強い撚り糸で生まれるちりめんシボ

また、ヨコ糸に強い撚りをかけた御召緯《おめしぬき》という糸を使うために、織り上がって温湯につけると、撚りが戻ろうとしてちりめんシボができる。幅も縮んで狭くな

先染めの御召は、複雑な模様を織り出す紋織（もんおり）も可能。この紋織御召は昭和50年代のもの。独特の光沢があって美しい。

るため、幅出し機にかけて本来の幅に伸ばす。御召は原料の絹糸も上質のものを使う。できあがりの光沢も風合いも、格調ある美しさであるから、よそゆきのきものとして、また、柄によっては略装として愛用された。

縫取御召。御召ちりめんに、紋織の方法で刺繍のような模様を織り出したもの。刺繍のように織り出す技法を「縫取」と呼ぶ。

風通御召。表と裏が反対の配色になるように織られている（風通）ので、色違いで楽しめる。紋織の一種。

縫取御召。光沢のある綾の御召に縫取が施してある。現代のように訪問着などを着なかった庶民は、御召に格のある帯を締めれば、よそゆきのきものとして通用した。

着こなしのアドバイス

御召には、御召ちりめん・風通御召・縫取御召など、いろいろな種類がある。美しい絹織物であるから、帯も格調高いものを選びたい。品のよさを心がけて。

十日町御召

とおかまちおめし◆産地：新潟県十日町市

織物の一大産地で育てられた御召

十日町産の御召を「十日町御召」という。十日町は御召や紬、中振袖など、ニーズに合わせてさまざまな織物・染物を産出している。

新開発に熱心な織物の産地

十日町織物の歴史は古い。雪晒しで有名な越後上布をはじめ、天明年間（一七八一～八九年）には、二十万反も生産されていたという。やがてこの技術が応用されて、十九世紀はじめには絹縮の透綾《すきあや》が生産されるようになった。

さらに明治に入ると、平透綾、壁透綾、透綾縮緬などの多くの夏織物が開発されていった。大正末頃になると、秋冬用の織物の研究も盛んになり、昭和には新開発されたマジョリカ御召が、一大旋風を巻き起こした。染めのような豊富な色彩と大胆な柄をぼかしたりして、縫取御召のように織りで表現している。

マジョリカ御召の羽織。マジョリカ焼の陶器を思わせるような明るい色彩を織物で表現し、昭和三十年代に人気を博した。

矢羽模様が連続して絣に織り出されたもの。明治から昭和にかけて、女学生の袴に矢羽柄は定番であった。

着こなしのアドバイス

御召は湿気に弱い。梅雨時や雨の日に着ると縮みやすい。袷などは部屋の中に吊しておくだけでも表の御召地だけがたるむことがあるから、長時間吊しておかないこと。

塩沢御召

しおざわおめし◆産地：新潟県越後地方

細かな絣や縞が素朴で味わい深い

塩沢織物の歴史は長いが、伝統を受け継ぎ、現代に活かすことを心がけて織られている。本場の塩沢御召のことを、特に「本塩沢」という。

細かい絣が美しい模様を構成

塩沢を中心とした一帯で織られる御召ふうの織物を塩沢御召という。柄が細かい絣で構成されているため、塩沢絣ともいわれている。この地方は、八～九世紀頃からすぐれた麻の織物を生産していた。その土壌のもとに絹織物が発達したのである。

絹織物でありながら、八丁撚糸や右撚りの強撚糸をヨコ糸に使ってシボをつくる。強撚糸を使っているので、しゃっきりとした肌触りである。

昔ながらの伝統を重んじて手織り機で織られている。十日町で生産されるものも、一般には塩沢御召と呼ばれるため、特に本場のものを区別して本塩沢と呼んでいる。

十字絣や亀甲絣が、美しい花模様や鳥、幾何模様を構成しているのが特徴である。

着こなしのアドバイス

袷にすれば、五月や十月の単衣の恋しい季節に快い肌触りで、きもの通の間で人気がある。六月、九月は単衣にするのもよい。

全体が黒地に赤の細い絣で構成され、さらに大柄の模様の一つ一つが、細い絣で構成されている。

銘仙

アンティークブームで再び人気の絹織物

めいせん◆産地：埼玉県秩父市・群馬県伊勢崎市

女学生の普段着として、また、子守のねんねこ半纏（はんてん）や、布団地にも用いられるなど、広く庶民に親しまれた絹織物である。

丈夫でなめらかな肌触り

ひと頃はすっかり影をひそめていた銘仙だが、最近のアンティークブームで、若者たちの人気を取り戻しつつある。

埼玉の秩父銘仙・群馬の伊勢崎銘仙が有名である。

秩父銘仙の特徴は、屑繭《くずまゆ》を使用して「ほぐし捺染《なっせん》」という染色法を用いること。ほぐし捺染とは、仮織りした布を型染めし、本織の段階で、ヨコ糸をほぐして無地のヨコ糸を入れ直す手法。型染めなので曲線などの表現が自由にでき、ヨコ糸を入れ直すために、絵柄に独特のにじみが生まれる。

先染めの平織りで表裏が同じ模様であるから、仕立て直しも自由にできて実用的。丈夫なうえに、なめらかな絹織物の感触が人気を呼んでいる。

明治に人気を博した伊勢崎銘仙

伊勢崎銘仙は、江戸時代の太織《ふとおり》が元祖。精緻な絣の技法が工夫され、明治時代に売り出された。

秩父銘仙。ほぐし捺染のために、柄がぼやけて柔らかい。このような大柄のものは、ねんねこ半纏や羽織などに好まれた。

絹にしては価格も手頃で丈夫なため、庶民の日常着や外出着として、戦前までは広く使われていた。

戦後、ウールのきものが流行すると、銘仙の名はほとんど消えてしまったかのように思われたが、最近また復活し、新しい銘仙が織られている。

銘仙にしてはモダンで鮮明な色使い。戦前のものだが、今見ても感覚的に新しい。

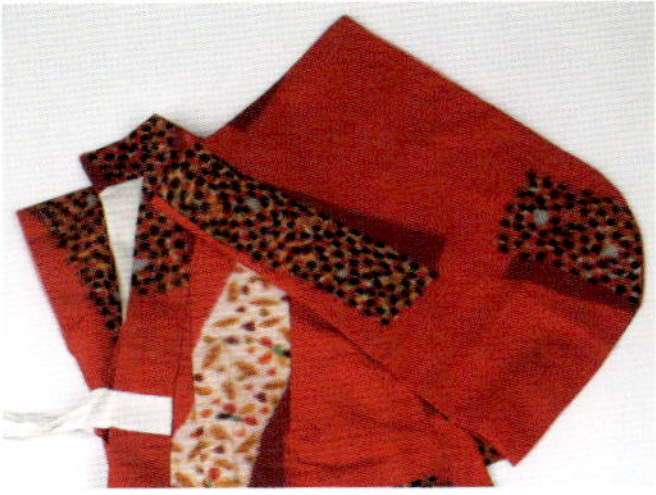

伊勢崎銘仙。戦後、伊勢崎ではモダンな柄を織るようになった。日本でマチスがもてはやされた時期には、絵画のような銘仙が織られたこともある。

着こなしのアドバイス

昨今のリバイバルブームで、また銘仙が出回っている。大柄が郷愁を呼ぶようで、おしゃれ着や街着として若い人に人気がある。

銘仙の絣。このような絣は、女学生の袴の下に着られたり、お稽古事のときなどに用いられた。

米沢織物

よねざわおりもの◆産地：山形県米沢市

幻の紬・白鷹紬をはじめ長井紬、置賜紬で知られる

藩主・上杉鷹山が町興しのために小千谷から技術者を招いたのがはじまりという。紬や絞り、帯地などが生産され、米沢織物はその総称である。

小千谷から技術者を招く

山形県の米沢は、上杉家の城下町である。古くから苧麻の栽培や養蚕の土壌はあったが、織物の産地として世に知られるようになったのは、上杉家中興の祖・上杉鷹山《うえすぎようざん》の積極的な産業奨励の政策があった。

越後の小千谷《おじや》から技術者を招いたり、領内に機業《きぎょう》場《じょう》を建設したりして、藩士の子女たちにその技術を学ばせたのである。

希少価値で人気の伝統織

明治後期から大正にかけて全盛を極めたが、現在はひと頃の隆盛は影をひそめ、きもの用の織物は限られた趣味的なものになっている。

その中で知られているのが、長井《ながい》紬や置賜《おいたま》紬、白鷹《しらたか》紬などである。それぞれ織られる地名がついた、独自の技法を持つ伝統織。本来は先染めの平織りで、紅花

明治生まれの祖父のきものを、晩年の祖母が女物に仕立て直した米沢織物。玉糸を用いているのになめらかな光沢が、きもの通のおしゃれな男たちに好まれたという。

や藍、刈安《かりやす》などの草木染めであった。

柄は亀甲、十字、蚊絣といった細かな絣が特徴。井桁や鳥など琉球絣に似たものを、〝米沢琉球ふう〟という意味で、「米琉」と呼んでいた。

現在、白鷹紬は幻の紬といわれ、呉服屋に注文しても半年～一年は待たないと入手できないという。

長井紬・置賜紬も生産量が少なく、長井・置賜で生産されているものを総称して置賜紬と呼んでいるようである。

明治時代につくられたきもの。つねに工夫と努力を怠らない産地の姿勢が、時にはこんなモダンな縞を生む。

着こなしのアドバイス

米沢織物は、現在では主として雨コートや袴地が織られているが、いっぽうで趣味的な限られた織物には人気がある。伝統織物らしく素朴であるが、着こなしは上品さを心がけたい。

米沢黄八丈は、昭和三十年頃に開発されたという。本場黄八丈や、秋田八丈とはまた異なった、米沢特有の色柄にこだわっている。

ミンサー織

みんさーおり◆産地：沖縄県八重山郡竹富町・石垣市

島娘が恋心を織り込んだ絣

主に琉装の角帯として用いられていた。現在では財布や小物入れなどの民芸調小物をはじめ、半幅帯や名古屋帯も織られている。

特徴的な絣柄

竹富島《たけとみじま》に伝わるミンサー織は、絣の柄が特徴的で、市松模様のように図案化されている。この絣の文様を「玉」と呼ぶが、玉が五つと四つで構成されており、布の両側には細い線で、まるでムカデの足のように縁取りがある。これにはいわれがある。

かつて島の娘たちは婚約のしるしとして、愛する男に、藍地に白の木綿絣の角帯を贈った。

当時は「通い婚」であったから、夫を想う妻、そして内地から島を訪問する旅人や役人に恋をした島の娘たちは、男たちが心変わりしないように、「どうかいつ（五）の世（四）までも、ムカデの足のように足繁くお通いください」との願いを込めて、絣柄を五つと四つで図案化し、ムカデの足のように両側を縁取ったという。娘たちの、切ない思いが織り込まれたミンサー織である。

約三百年の歴史があり、基本的には藍染に白の木綿絣であるが、茶褐色の地に黄色の絣などもある。

細い横段の縞はムカデの足をデザインしたもの。本来は四つと五つの玉（絣）で構成されるが、このような絣もある。

着こなしのアドバイス

土着の匂いのするミンサー織りの帯は、木綿の絣や縞柄などのきものに合う。絹の場合でも、紅型（びんがた）のような染めのきものではなく、民芸調のざっくりしたものがよい。

花織

はなおり◆産地：沖縄県那覇市・読谷村

南方より伝わった伝統ある織物

花織は、五百年程前に南方諸島より沖縄へ伝えられたという。上品で洗練された首里の花織は、琉球王朝の人々だけに許された布だった。

趣の異なる二つの花織

花織には「首里《しゅり》の花織」と「読谷《よみたん》の花織」がある。

首里の花織は琉球王国の上流階級の晴れ着として用いられ、色糸を使わずに、無地に織り模様だけで変化をつける。絹を中心に、麻、麻と芭蕉の混織など、材質も豊富。シンプルだが品格と風合いがある。

いっぽうの読谷の花織は、紺の地糸の中に花模様の色糸を浮かせて織る。浮かせて織った赤や黄、緑、茶などの色がいかにも可憐で、まるで花が咲いたように鮮やかである。材質は主に木綿であった。

この花織で織ったマフラーを花織テサージという。若い娘たちは手間暇かけたテサージを、愛する人に贈ったのである。

地紋だけで模様を出して、色糸を使わない。上流階級の人々が用いただけあって、布そのものに光沢があり、品格も感じさせる。

読谷の花織は、漁村や農村の人々によってつくられ、愛用された。刺繍ではないかと思われるほど、色糸を多く使用して華やかである。

着こなしのアドバイス

首里の花織は絹の素材がしっとり体に馴染みやすく、着やすい。帯合わせも、それなりの格調あるものを選ぶこと。

芭蕉布

ばしょうふ◆産地：沖縄県国頭郡

芭蕉の繊維を織った軽くて涼しい布

古くから身分を問わず愛されてきた布。照りつける太陽のもとでも、まるで体の中を風が通り抜けてゆくように、軽やかで涼しい。

糸芭蕉の繊維は外側から四種類に

芭蕉の木には、実芭蕉・花芭蕉・糸芭蕉の三種類がある。芭蕉布になるのは糸芭蕉だ。野生の糸芭蕉は繊維が硬いので、現在は栽培されている。

芭蕉布にする繊維をとるには、切りとった芭蕉の木の根元から、皮を剥いでゆく。

外側から一枚ずつ剥いで四種類に分ける。一番外側は「ウワーハー」といって座布団などに適している。次が「ナハウー」で、これは帯地を織る。

三番目の「ナハグー」が一番上質で、これがきものになる。

四番目は「キヤギ」といって柔らかくてきれいだが、変色しやすいので染色用として使う。

細かな工程を経て糸に

糸芭蕉の皮は、いくつもの工程を経て繊維になる。さらにその繊維を指先や爪先で細く裂いて糸にする。そのうえで、用途に合った染色をして（絣糸など）、

一番上質な「ナハグー」は、きものに最適な繊維。生成りにタテヨコの絣柄。芭蕉布はシワになりやすいが、霧を吹いて吊っておけば伸びる。

織られてゆく。

芭蕉布の繊維は乾燥に弱く、絶えず湿気を与えながら織らないとすぐに切れてしまう。織り手の熟練が要求される。五~六月の梅雨時が、織るには一番適しているという。

糸芭蕉の木は、植えてから成熟するまでに三年かかる。きもの一枚分の反物を仕上げるには、その木が、実に三百本も必要なのだそうだ。

「キヤギ」は四番目にとる繊維だが、細く柔らかい。変色しやすいので生成りで使わず、このように色を染めて地色とするとよい。グリーンがさわやかである。

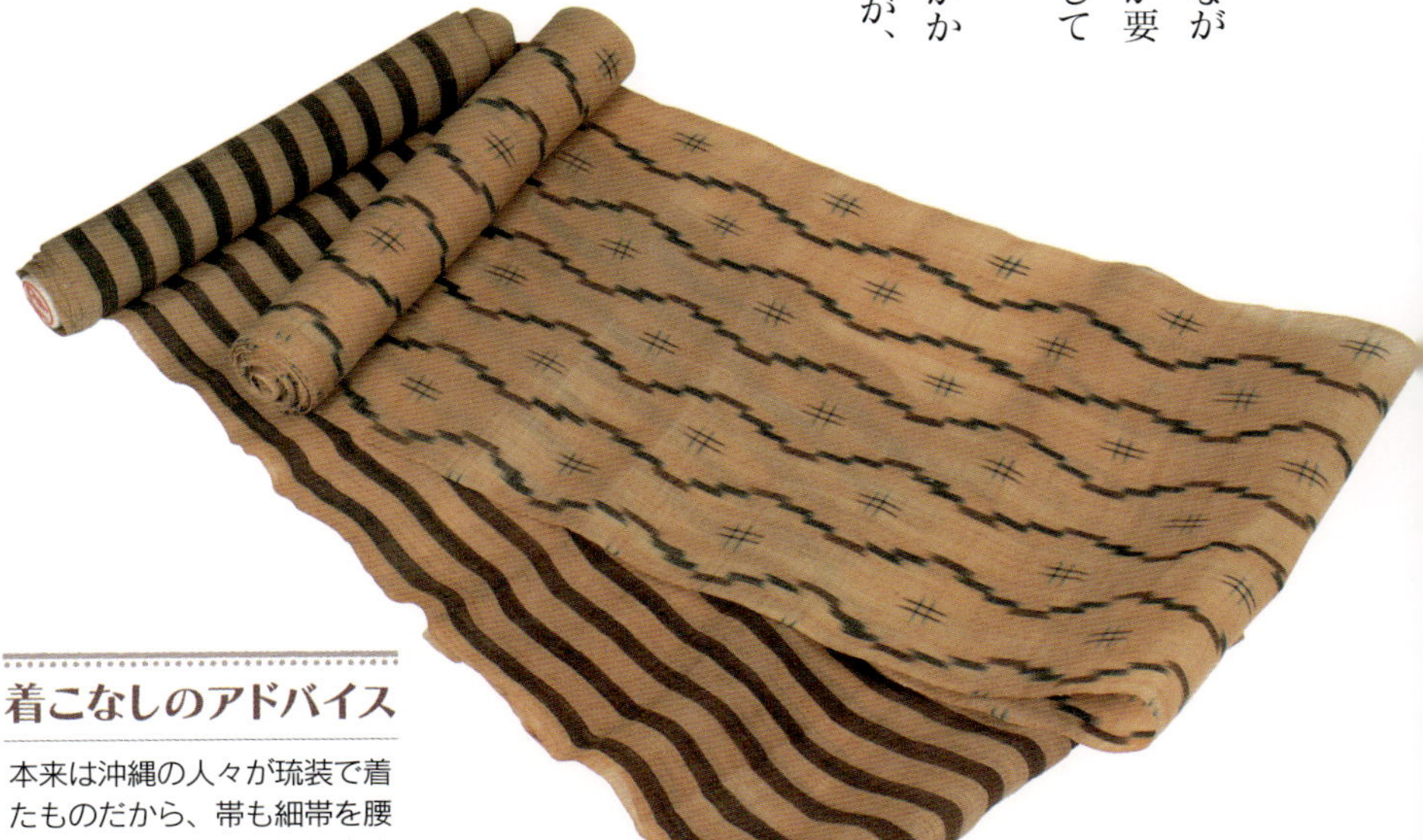

上は立涌に井桁絣、下は太い棒縞。いずれも地色は生成りである。縞は身分に関係なく愛用されたが、身分の低い者は絣や立涌の柄は使用できなかったという。

着こなしのアドバイス

本来は沖縄の人々が琉装で着たものだから、帯も細帯を腰あたりに結んで、風通しよく着たい。つっぱりやすいので、きものとして着る場合にはシワに注意を。

宮古上布

みやこじょうふ◆産地：沖縄県平良市

ろうのような光沢を持つ布

別名薩摩上布ともいい、紺地の絣や縞柄の、ごく薄い麻織物である。沖縄織物の原点ともいわれ、十五世紀にはすでにあったと思われる。

極細の麻糸を撚った糸

「上布」という名は、麻織物の中でもっとも上質の布を「献上布」としたことに由来する。

麻糸の細さが特徴的。苧績といって、苧麻の繊維を爪で何度も裂き、極細の糸を紡いで撚り合わせていくのだ。きものの反物の幅は、だいたいどれも三十八センチだが、その幅にタテ糸を千百二十本以上も使うというから、ふつうの布地よりはるかに多い。

手紡ぎの糸は、本来は山藍で染め、泥染めをしてから、生機《きばた》のまま生松葉の煮出し液で煮沸する。

さらに芋でんぷんの糊入れをして、生乾きのときと乾燥してから後に、約六時間くらい砧《きぬた》打ちをする。こうして独特のつやを出すのである。

反物のときはつやつやと光沢があるが、仕立て上がってきものになると、上等の極細の麻が、絹のようなしなやかさと張りを生む。

着こなしのアドバイス

高級品でなかなか手が届かないが、軽くて涼しい。芋でんぷんの糊入れをしてあるので、反物には、ろうのような独特のつやがある。仕立てるときは、必ず「ろう抜き」という湯通しをするように。

八重山上布

やえやまじょうふ◆産地：沖縄県石垣市

サンゴ礁の海水が白地をより白くする

サンゴ礁の海で「海晒し」することによって生まれる真っ白な地。そこに浮かぶ茶褐色や藍の絣模様は、暑い夏に涼感を呼ぶ。

復活した伝統の技

かつて宮古上布が紺上布と呼ばれたのに対して、八重山上布のことを白上布とも呼んだ。

この白さの秘密は、サンゴ礁の海の中に晒して不純物を洗い流す「海晒し」にある。海水には白をいっそう白くする効果と、紺の色を定着させる効果があるという。

八重山上布の原料は、苧麻を主とし、染料には石垣島などに自生するフクギやヒルギなどを用いる。

八重山上布もかなり歴史が古いと思われるが、時代の流れの中で伝統の灯が消えかけたこともあった。しかし、心ある人々の努力によって、本来の伝統の工程がよみがえったのである。

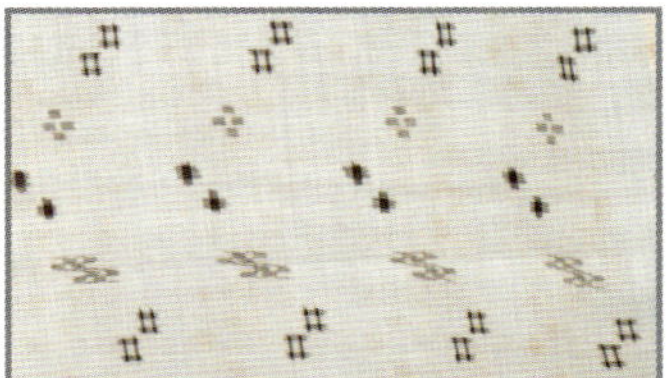

他の麻と同じようにシワになりやすいのが欠点だが、この涼感は魅力だ。衣桁（いこう）にかけて、霧を一吹きふいておくとよい。

着こなしのアドバイス

地色は白とは限らないが、白の場合は特に、たたんでしまうとき、布と布の間に紙を挟んでおくとよい。長くしまっておくと、茶褐色の色が白地に移ってしまうことがある。

近江上布

おうみじょうふ◆産地：滋賀県愛知郡

さまざまな用途に用いられるモダンな布

鎌倉時代からの歴史があり、さまざまな工夫や試行錯誤の結果、今日の近江上布へ発展した。最近の反物はモダンな柄で涼しげである。

インテリアにも利用される

近江上布は、琵琶湖や愛知川の豊富な清い水によって育まれてきた。湿度が高く、麻織物の生産には適した土地である。

この地方では古くから大麻栽培が盛んだったが、鎌倉時代に織物の技術が伝えられ、江戸時代には、彦根藩の庇護のもとで大きく発展した。

近江上布には、生《き》平《びら》を使った座布団地や、法衣、茶巾などになるものと、染めて絣模様などにするものとがある。

長い年月をかけて工夫や技術開発がなされてきた結果、今日の近江上布は押捺染《おしなっせん》や型紙捺染など、和もの以外にも、カーテンやタペストリーといったインテリア用途でも使われている。

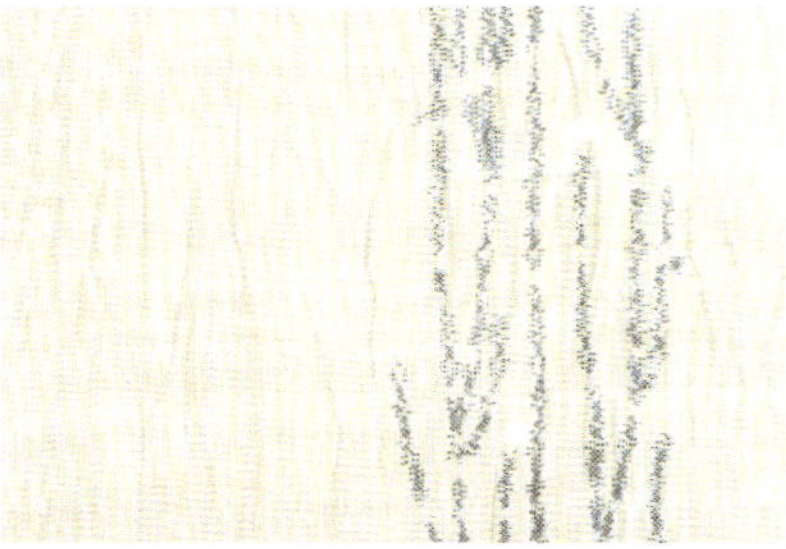

きものの反物。細い絣で縞柄を構成したモダンなもの。仕立て方によって縞の出具合を楽しめる。

生平を使った座布団地。のれんなどにも使われるが、生平の繊維が織り出す大小の筋が味わい深い。

着こなしのアドバイス

上等の上布ほど中が透けやすい。下着にも十分注意すること。肌着、裾除け、長襦袢はみな白にしたほうが清潔感があり、涼しくも見える。夏のきものは他人様に涼感を運ぶのがマナーと心得ること。

能登上布

のとじょうふ◆産地：石川県羽咋市

丈夫で高級な夏向けの織物

長い歴史を持つ麻織物で、たいへん丈夫。「南の宮古上布、北の能登上布」といわれるように、夏の高級品として知られている。

絣模様は四つの技法で表わす

宮古上布と並ぶ、夏の高級品。能登縮、または安倍屋縮ともいわれる麻織物で、古い伝統がある。昔は手紡ぎの大麻糸を用いたが、昭和のはじめ頃より、苧麻の紡績糸をタテ・ヨコに使うようになった。

特色は、絣糸の染め方に四つの方法が用いられること。その四つとは、①板締め、②丸型捺染、③型紙捺染、④櫛押捺染である。これらのうち、本絣は①②③の染色方法が用いられている。

堅牢で、特に男物の白絣は一生物といわれる。男物の白絣で女物を仕立てるのも、粋で涼しげな装いである。

シルックなどで能登上布に似せたものも流通している。なかなかよくできているが、やはり本物は着心地が違う。軽くて涼しい。

着こなしのアドバイス

伝統的な織物には風格があるから、それに負けないような覚悟で着ることが大切。帯は麻の素材に、白地に墨絵などもよい。紗献上の真っ白の袋名古屋帯なども風格を落とさず、垢抜けしてよい。

越後上布

えちごじょうふ◆産地：新潟県越後地方

上等の麻を裂いて織り上げた高級品

古くから朝廷に献上されていた越後上布。雪国が育んだ、伝統的な手法によって織られる布は、重要無形文化財にも指定されている。

豪雪地方で盛んな麻栽培

麻の歴史は古く、天平三（七三一）年に越後で織られた麻織物が奈良の正倉院に「越布」として残っている。

麻は極端に乾燥を嫌うため、越後のような豪雪地方に適した繊維である。中でも小千谷・六日町・塩沢地方の特産品として育ってきた。

麻の種類でもっとも上質な苧麻を皮はぎした青苧を、爪で裂いて糸にする。これに撚りをかけて染め、居坐機で織るのである。

戦前の越後上布。昔のものは、今のものに比べてしっかりしている。揉んでみたが、上布なのにシワにならないのが不思議なくらいである。

着こなしのアドバイス

麻は乾燥を嫌うので、しまうときは、あまり乾燥させないように。汗をかいたら、脱いですぐ、裏に乾いたタオルをあて、表から水で絞ったタオルで叩く。

明石縮

あかしちぢみ◆産地：新潟県十日町市

透けるように薄い十日町産の「幻の布」

十日町小唄に「越後名物数々あれど　明石ちぢみに雪の肌　着たらはなせぬ味のよさ」とも歌われた。夏のきものとして人気を博した。

十日町の幅を広げた織物

明石縮は、大正・昭和の初期までは、夏用の高級品として人気があった。

越後の十日町が、明石縮の主産地である。最初は、明石次郎という人の手によって考案され、西陣の地に伝えられた。その後、明治二十年頃、十日町地方でつくられるようになり、昭和の戦前まで織られていた。十日町は本来、上布などの麻織物が盛んであったが、絹織物に目を向けるきっかけになった商品だという。

絹素材にもかかわらず、強い張りのある風合いである。

この大きな縞は大正縞といって、大正時代を代表する柄の一つ。昨今のアンティークブームで、こうした柄も人気のようである。

着こなしのアドバイス

雪の肌が透けるほど薄く、蝉の羽のような感触である。長襦袢は白。夏物の清潔なものを用い、下ごしらえをしっかりしておくと、いかにも涼しげである。

同じ大柄の縞でも、右の写真に比べて粋な感じがする。その分、着こなしはやや難しい。

小千谷縮

おじやちぢみ◆産地：新潟県小千谷市

麻糸に撚りをかけ シボをつくって縮ませる

上布の一種だが、麻のシワになりやすい欠点を逆手にとり、最初からシボをつけて縮ませている。そのため、上布よりシワになりにくい。

麻の特性を逆利用した上布

小千谷縮も上布の一つである。麻は夏に涼しく、水にも強くて丈夫だが、シワになりやすいという欠点がある。その欠点を逆手にとり、最初からシボをつけて縮みにしてしまったのが、小千谷縮である。

このアイデアと技術を開発したのは、明石から来た浪士・堀次郎将俊《ほりじろうまさとし》だといわれている。寛文年間（一六六一～一六七三年）、彼はこの地に住みついていたという。

貢納布として品質が向上

苧績（青苧を裂いて細い糸にする工程）をした後、ヨコ糸に強い撚りをかけ、糊で固めてから織り上げる。

大正末期の小千谷縮。薄物（うすもの）は透けるので、下着は白の麻の長襦袢などに半襟をつけて着る。ゆかたではないので半衿は使用する。

織り上がった布を水で洗い、糊を落とすと、撚りが戻ろうとしてシボができるのだ。このシボが小千谷縮の特徴で、夏の肌にさらりとした感触が心地よい。また白地の絣などは夏の日差しにまぶしいばかりに美しいが、その白さは冬の寒い雪の中で「雪晒し」することによるもの。使い古して黄ばんできたら、また雪の中に晒して漂白し、白さを保つのである。

昭和初期の小千谷縮。袖が元禄袖といって、袂の丸みが大きいので、十代の若い娘さんのもの。夏のきものには、涼感を感じさせる秋草模様が多い。

着こなしのアドバイス

シワになりやすい欠点を逆手にとってシボをつけ、縮みにしているが、やはり長い間正座などしていると、膝の裏が縮み上がってしまう。アイロンではなく吊して霧吹きをかけておく。

阿波しじら織

あわしじらおり◆産地：徳島県徳島市

徳島の藍で染めた涼しい木綿

ゆかたと同じように用いられるが、汗を吸収しやすい木綿で、しかも縮んでいるために風も通りやすく、涼しさがいっそう感じられる。

タテ糸の張力で生じるシボ

阿波しじら織は、徳島の特産である藍で染めた木綿糸で織られる。張力の異なるタテ糸を用いて織り、後から湯通しをして乾燥仕上げをする。このとき、タテ糸が縮むため、阿波しじら独特のシボができる。

阿波は、蜂須賀《はちすか》藩主による絹禁止令が早くから出ていたため木綿の織物が発達し、さまざまな工夫がなされたと思われるが、阿波しじらは偶然の産物だという。海部ハナという人が、外に布を干したところ、夕立ちで濡れてしまった。そこで、日光に晒して乾すと、布の表面に趣のある縮みができた。

これにヒントを得、織物にさまざまな工夫を加えて完成したのが、阿波しじら織だと伝えられている。

紺一色の正藍染めの阿波しじら織は、素朴で深い味わい。こうした落ち着いたゆかたもよいものである。

藍がめに糸をくぐらす回数によって、色の明るさが変わる。何度も何度も糸をくぐらせると濃い藍色になるが、回数が少なければ色は浅くなる。

着こなしのアドバイス

正藍染めの縞柄が本命で、ゆかたと同じ感覚で素肌に着る。現代では、半襦袢に半衿をつけて、街着の感覚で着る人も多い。夏のさなか、肌にべとつくことなく、さらさらした感触が何ともいえない。

第二章 きものと帯のTPO

きものの格とコーディネート

きものは、「友禅」や「小紋」など生地名や染色名で呼ぶほかに、「留袖」「訪問着」など、格付けのランクで呼ぶこともある。フォーマルな場所で着るきものは、しきたりや習慣も無視できない。帯や小物も、色の調和だけでなく、格同士の調和をとることも重要である。

振袖（ふりそで）

振袖には、本振袖と中振袖がある。本振袖は、袖の長さが約三尺（一一四センチ）ある。花嫁衣装の白無垢、お色直しの振袖や打ち掛けは本振袖である。成人式でも、背の高い人は本振袖にする人もいる。

中振袖は、成人式、パーティ、お正月の晴れ着などに用いる。

袖の長い振袖は、未婚の娘さんが着るもので、既婚者になれば袖を詰めて（留めて）留袖にする。昔は二十歳前までといわれていたが、現在

黒地にピンクの中振袖。色使いや模様どりがモダンである。このようなきものは華やかなパーティなどで、個性を出したいときに向く。

コーディネート

モダンな振袖には、帯も古典柄は避けたほうがよいだろう。調和のとれた色柄と、格を考えた袋帯、帯揚げはきものの中の一色を選ぶとよい。帯締めは赤と紺の水引にしてみた。赤が本人の左側にくるように結ぶ。

では三十すぎて着る人もいる。一般的には、ある程度の年齢になったら、未婚の独身者でも色留袖を着る。

留袖（とめそで）

留袖はミセスの第一礼装として、結婚式や重要な儀式の場に用いられる。留袖には黒留袖と色留袖があり、黒留袖のほうが格が上である。

神前結婚式のような儀式には、身内の既婚者は黒留袖を着るのが常識的。特に、本人の母親や仲人は黒留袖を着用する。

黒地のちりめんの生地に五つ紋がついていて、裾には江戸褄《えどづま》模様が施されている。昔は白の下着を重ねて着たが、現在では比翼仕立てといって、衿、袖口、振り、裾だけを、二枚重ね着しているように見せて、胴抜きに仕立ててある。

はんなりとした戦前の留袖。昔のものは裏にも手を抜かず、表と同じ模様が染め上げられている。丸帯も戦前のもの。

コーディネート

帯は丸帯か袋帯（現在では袋帯が主流）を用い、格調の高い柄やおめでたい模様を選ぶ。帯揚げは白紋綸子か絞りの白、帯締めは白の丸ぐけ、または金銀の組みひも、白の組みひもでもかまわない。長襦袢は白の綸子、ちりめん、羽二重など。

色留袖（いろとめそで）

色留袖は、格としては同じだが、黒留袖に準じるものとして扱われる。これは、明治のはじめに出た衣服大令という法令によって、「既婚者の第一礼装は、黒縮緬・五つ紋付・裾模様とする。但し、色ものでもよい」とされて以来、黒に準ずるものとして扱われてきたから。

披露宴はもちろん、結婚式にも用いられる。

象牙色の紗綾型（さやがた）の綸子地に、草木と御所車という古典柄の色留袖。近頃は一つ紋付きで衿比翼や重ね衿だけのものも多いが、これは三つ紋付きの比翼仕立てで、色留袖としては格調高い。金の地に鳳凰柄の袋帯を合わせ、帯揚げは白の絞り。帯締めには白と銀の唐組みを選んだ。

ブルーの絽に草花や風物を染めた、戦前の五つ紋付きの色留袖。貸衣装が普及していなかった頃の結婚式には、夏場は自前でこのような色留袖を着た。絽織の丸帯、帯揚げは白の絽に白糸の刺繍。帯締めは、格のある冠紐（ゆるぎ）にしてみた。

コーディネート

色留袖の場合、最近は三つ紋にしたり、一つ紋にして、比翼仕立てにせず、衿比翼だけにして略する場合もある。帯、小物などは黒留袖と同じに。

未婚でもある程度の年齢であったり、未亡人の場合には、式典にも色留袖のほうがふさわしいだろう。

訪問着（ほうもんぎ）

訪問着は色や柄によってミス、ミセスの両方に用いることができる。

セミフォーマルとして扱われ、格としては留袖や振袖よりワンランク下。本来、紋はつけなかったが、この頃は一つ紋くらいつけて、格付けをして着る人もいる。

訪問着の特徴は、胸元や肩、袖、裾に模様がついていること。絵羽付《えばづ》け模様といって、きものを広げると一連の屏風のように、縫目を通して模様がつながっている（留袖は裾だけに絵羽付け模様がある）。

蒔糊（まきのり）という染色技法で染めた訪問着。背中に一つ紋をつけてあるので、袋帯もあまりくだけたものを合わせないほうがよい。帯締めは裾模様の金銀の花に合わせて、水引の金銀を。帯揚げはシルバーグレーやアイボリーでもよいが、淡い錆朱（さびしゅ）のぼかしを使用。

コーディネート

帯は袋帯。帯締め、帯揚げは、格があるもので調和がとれているなら、白に限らず華やかな色でもかまわない。長襦袢は、薄い色の紋綸子や、部分絞りがよいだろう（フォーマルなものには、あまり個性的な色や柄でないほうが品格もあり無難）。

付け下げ（つけさげ）

訪問着よりさらにワンランク下になるが、だいたい訪問着と同じような場所に着て行ける。

振袖や留袖、訪問着は、白生地をきものの形に仮縫いして（仮絵羽仕立てという）、それに模様の下絵を描いてゆく。こうして絵羽付け模様が描かれるのだが、付け下げは反物のまま、模様の位置を確認して柄付けをしていく。

そのため、従来は縫目でつながらないような簡素な模様付けが多かった。しかし、この頃は技術も進んで複雑な模様付けもできるようになっている。

仕立て上がりを見ただけでは、訪問着か付け下げか見分けがつかないものもある。

紋綸子に日本刺繍の付け下げ。上品な地色に、刺繍も色を抑えて品がいい。あまり自分が目立ってはいけない場に着たいもの。帯も格はあるが上品なものを。あまり鮮やかな帯にすると雰囲気を壊してしまう。帯締めはピンクがかったアイボリーに金銀をあしらった唐組み。

コーディネート

付け下げは訪問着に準じて着られるものなので、帯も袋帯を用い、小物類も訪問着と同格のものを使うと格が出る。名古屋帯の場合でも、金銀などをあしらったものや、六通の柄がよい。

付け下げ小紋（つけさげこもん）

小紋のきものといえば、一反の反物に型紙を置いて、肩山になるところや袖山にあたるところも無差別に染めてゆくのが普通である。きものは肩で縫目をつけず、後見頃と前身頃がつながっているので、当然、肩山を挟んで模様の向きが逆さになる。袖も同様である。

付け下げ小紋はそれを避けて、前後の模様がどちらも上向きになるように柄付けしてあるものをいう。

一見、紅型ふうの柄だが、ちりめん地の型友禅の付け下げ小紋。きものの柄に合わせて、魚子織（ななこおり）の片輪車の帯を合わせてみた。少し地味目だが面白い。帯締め、帯揚げは、裾模様の紅色を持ってくると全体が締まる。観劇やきちんとした食事会にも。

コーディネート

小紋と同じ感覚でよいが、小紋より少し格を出したり、おしゃれな感じに着られる。その場合には、帯を袋帯にするか、名古屋帯でも格のある素材や柄を選ぶといいだろう。

喪服（もふく）

喪服は、黒の羽二重か、ちりめん地に五つ紋をつける。引返しといって四丈ものの反物を使い（普通は一反が三丈余）八掛に表と同じものを使用する。

グレーや紫などの抑えた色無地のきものに、喪服と同じ帯や小物を用いれば、半喪服といって、略礼装となる。

以前は喪服の下に白を重ねて着たが、戦後は重ね着をする習慣がなくなって、白の長襦袢の上に直接喪服を着る。

コーディネート

帯は、黒朱子の名古屋帯が今日では一般的。小物はすべて黒。帯揚げは絞りでないほうが望ましい。半衿は白無地、帯締めは黒の丸ぐけか、組みひもの黒無地。数珠は宗派によって異なるが、一般的には、参列者は黒の一連が宗派を問わず無難で扱いやすい。ハンドバッグ、草履は黒。

色無地（いろむじ）

色無地のきものが一枚あると、何かと便利に使える。一つ紋をつけておくと、結婚式にも略礼装として、袋帯を締めれば使用できる。

また、帯を喪服用の帯にすれば、葬式の略装としても使用できる。ただし、いくら喪服用の帯を締めていても、派手な色は避けること。

ピンクの一紋付きの無地。幅広く使えるが、半喪服には派手すぎる。結婚披露宴などには帯をもっと豪華な袋帯にするほうがよい。

コーディネート

小物類は、慶事の場合は留袖や訪問着に用いるようなものを、弔事の場合は喪服と同じにする。色無地をつくるときは、中間色にしておいたほうが無難である。

季節ときもの

季節のきものの分け方には、「袷(あわせ)」「単衣(ひとえ)」「薄物(うすもの)」がある。「袷」は十月一日から五月末日まで、「単衣」は六月と九月、「薄物」は七月・八月の盛夏用と大きく分けられる。

季節を先取りするのがおしゃれというのは、きものも洋服も同じこと。たとえば、五月の二十日過ぎにあまり暑い日は、袷を脱いで単衣になりたくなる。そんなときは、少し厚めの紬などの単衣でもかまわない。

六月の末に、薄物に早めに替えたいと思う場合には、「紗」より「絽」のほうがよい。紗は、捩《もじ》り織という織り方が連続するためシースルーがきつい。

いっぽうの絽は、平織りと捩り織が併用されるため、紗より透けない。

昔の人は、九月になったらさっさと薄物を脱いで単衣に切り替えたというが、この頃は残暑も厳しく、いつまでも薄物を着ていたい気分である。しかし、九月の上旬(十日)くらいまでにしておいたほうがよいだろう。

また、九月の末から袷では暑苦しく感じられるから、ここはきっぱりと十月一日から袷に切り替えるのがよい。

袷 あわせ
胴裏と八掛けのついたきものを「袷」という。裏を外して仕立て直せば、単衣にもなる。

薄物 うすもの
透けたきもの(シースルー)。写真の絽のほか、紗、麻(上布など)がある。

単衣 ひとえ
透けない生地で、裏をつけずに仕立てたもの。裏をつければ袷にもなる。

さまざまなきものの素材

絹紅梅 きぬこうばい

戦前に流行したが、最近また人気である。四角い筋目模様が特徴で、節目の部分は木綿糸を使用している。

綸子 りんず

紋綸子に刺繍で模様をあしらったきもの。紋綸子とは、模様を地紋に織り出したもの。

紗 しゃ

紗は振り織りなので透けて見える。木目のような模様が浮き立つ。それが涼感を呼ぶ。

紬 つむぎ

後染めの紬。紬というと、先染めの絣柄などを連想しがちだが、紬糸で白生地を織り（白紬）、後染めしたもの。

麻 あさ

小千谷縮や上布も麻であるが、これは平織りの麻。目が粗いので、シワが特に出やすい。

縮緬 ちりめん

一越（ひとこし）ちりめんに秋草を染めたもの。ちりめんは、友禅や小紋、後染めのきものに多く使われる。

知っておきたい 帯の常識

きものは、織りのきものより、染めのきもののほうが格が上だが、帯は反対で、織りが格上とされる。昔から「染めのきものには織りの帯、織りのきものには染めの帯」といわれ、これは「きものと帯の格を揃える」という意味である。

帯はきものより格上がよい

「染めのきものには織りの帯」という場合の「織り」とは、錦織《にしきおり》のようなものを指し、紬などではない。「こもを着ても錦をしめよ」という諺があるくらいだから、帯はきものより一段上のほうがよいのである。

正装用には、唐織錦・糸錦・綴《つづれ》錦・佐賀錦など、錦綾なして織り上げる錦織の丸帯や袋帯が調和がとれる。同じ「織り」でも、紬や博多織のようにシンプルな帯は格が下だから、正装には用いない。

主な帯の格と特徴は知っておこう。

丸帯（まるおび）

花嫁衣裳の振袖くらいにしか用いられない。かつて礼装用はほとんどが丸帯だったが、昭和になって袋帯が登場すると、徐々に置き換わった。

右は、もっとも格の高い唐織錦の丸帯。左はややくだけた柄の丸帯だが、礼装用ではない。礼装には地味な唐織錦や朱珍（しゅちん）を用いた。どちらも戦前のもの。

袋帯（ふくろおび）

礼正装用として、振袖・留袖・訪問着・付け下げに、幅広く愛用されている。

織り方や柄もさまざまだから、礼正装用にはおめでたい絵柄や、刺繍の施されたものなど格の高い帯を選ぶ。右は、京都の葵祭を織ったもの。左は古代裂ふうのしゃれ袋。

名古屋帯（なごやおび）

外出着からおしゃれ着まで、幅広く使用される。織りと染めの両方あるが、西陣織などは格のあるきものに。紬の織り帯や染め帯は、おしゃれ着向きである。

芯を入れて仕立てる。袋帯より短いので二重太鼓には結べないから、一重太鼓にする。夏には夏用の素材のものを。

袋名古屋帯（ふくろなごやおび）

長さも形も名古屋帯とほぼ同じだが、芯を入れずに帯幅のまま両端がかがってあるので、軽く、締めやすい。

芯を入れないので、緞子（どんす）や博多織のように厚手の生地を用いる。手先の部分だけ二つ折りしてかがってあるものが多く、胴の部分を折って使用する。

半幅帯（はんはばおび）

「帯幅の半分の幅」ということから半幅帯と呼ばれる（約十五センチ）。近頃では長さも長くなり、幅も十八センチのものもある。

一般的に、半幅帯や細帯、小幅帯など、細めの帯のことをひっくるめて「半幅」と呼んでいるようである。

夏の帯

紗《しゃ》

紗の袋帯。地がしゃっきりしているので、芯を入れずに使用できる。夏の訪問着など、フォーマル用。

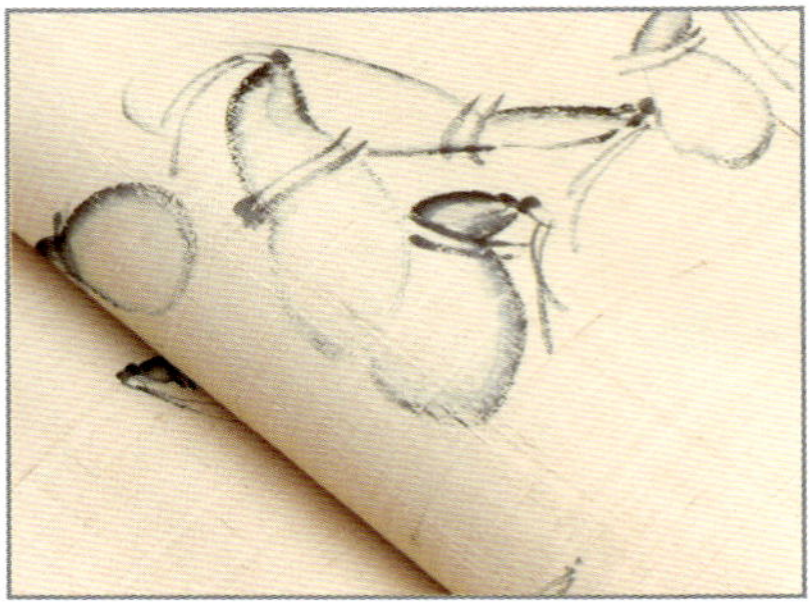

麻《あさ》

白の麻地に手描きのひょうたんの名古屋帯。芯を入れて仕立ててある。おしゃれ着に。

紗献上《しゃけんじょう》

博多献上の独鈷（どっこ）柄を、紗織にした袋名古屋帯。盛夏用で、紗のきものに合う。

絽《ろ》

大正時代の絽の染め帯。芯入りなので、六月、九月の単衣のきものに向く。

長絹《ちょうけん》

能の長絹という装束からとった夏用の名古屋帯。絽のきものに合う。

帯のおしゃれを楽しむ

柔らかな染めのきものに、しっかりした錦織の帯などは、素材の強弱の調和という美的感覚から合うとされる。また、ちりめんや塩瀬の染めの帯は、おしゃれ用として小紋や紬などに。硬い紬のきものに、はんなりと染めの帯を結ぶのもよい。

冬の帯

縮緬《ちりめん》

ちりめんの腹合わせ帯。帯の腹（裏）同士を合わせて仕立てたリバーシブルの帯。江戸〜大正と広く使われた。

西陣《にしじん》

京都西陣で織られた袋帯。色柄によって振袖から留袖などの礼正装に用いられる。

紬《つむぎ》

色糸で柄を織り出した紬の名古屋帯。地が薄いので、芯を入れて仕立てている。

博多献上《はかたけんじょう》

黒田藩が幕府に献上したところからその名がある。黒の模様は、仏具の独鈷にヒントを得てデザインしたもの。

塩瀬《しおせ》

塩瀬羽二重の地に紅型を染めた名古屋帯。無地や絣に似合う。

スワトー

スワトーの刺繍はハンカチなどでお馴染み。これは中国の蘇州で織られた、本物のスワトーの袋帯。

小物の選び方

小物には着る人の個性が現れる。センスを活かして自由にコーディネートするのもよいが、きものには四季があり、素材や柄による用い方のしきたりもある。自分流にアレンジする場合でも、そうした決まり事は知っておきたい。

帯揚げ（おびあげ）

帯揚げは帯の間からほんのわずかにのぞくだけだが、ちらりとのぞく色の中に、その人のセンスがうかがわれる。

また、少ししかのぞかないために、年齢より少々派手なものを使っても気にならない。むしろ、きものが地味になりがちな年配者の艶をのぞかせるポイントともなる。

生地は、ちりめん、綸子、絞りなどがある。ちりめんは無地染めにすると、シボが立ってなかなかよい味を出すから個性的な色も楽しめる。夏は絽や紗などを選ぶこと。

セミフォーマル用

綸子のぼかしや部分絞りなどは、セミフォーマルから外出用まで幅広く使える。

フォーマル用

綸子の総絞りは、若い人の礼正装用に使用。振袖や袋帯に合わせて色を選ぶこと。近頃は、総絞りの白を留袖に用いる人も多い。

おしゃれ用

小紋柄、更紗、段ぼかし、紅型、縞、振り分けなどは、おしゃれ用として無地や、地味な柄の紬などに効果的。同じような柄物のきものに合わせると、お互いが殺し合ってしまう。

帯揚げの起源は?

江戸時代には、帯枕を使わずに帯山に幅広のちりめんなどの布をあて、しょいあげて形をつくった。老齢の方で、帯揚げのことを「しょいあげ」と呼ぶ人がいるが、ここからきていると思われる。

かつては手拭いやヘチマなどを布で巻いて帯枕の代わりにした。

やがて帯枕が市販されて普及するようになると、帯枕が形を決めてくれるため、しょいあげは単なる装飾品となった。

これが帯揚げの起源である。

帯締め（おびじめ）

帯締めは、帯結びの形を決める重要な役目をするもの。帯締めがゆるむと帯の形が崩れてしまう。選ぶときは、絹の弾力性があるものにすると、よく締まって安心できる。

同時に装飾性も兼ねるから、素材だけでなく、色も大切なポイント。着付けの仕上げとして、きものや帯を引き立て、よく調和するものを選ぶようにしたい。

センスに自信のある人ならかなり冒険してもかまわないが、そうでなければ、きものや帯の柄の中から、一番少なく使われている濃い色を選ぶと、全体が引き締まる。

着慣れた人なら、わざと帯と同系色を選ぶのもおしゃれ。あれこれ合わせてみて、納得のゆくものに決めるとよいだろう。

帯締めには、丸ぐけ・組みひも・打ちひもがある。

さらに組みひもにも、丸組み・平組み・角組みなどあって、種類は豊富。丸ぐけは、留袖や喪服、花嫁衣装などに用いられていたが、近頃は留袖や喪服には組みひもが多く使われるようになった。

ミス礼正装用

ミスの礼正装用としては、丸組みの太めのものが一般的。品格を重んじるには、あまり凝ったものや細めのものは避ける。全体を引き締めるポイントになる色を選ぶこと。

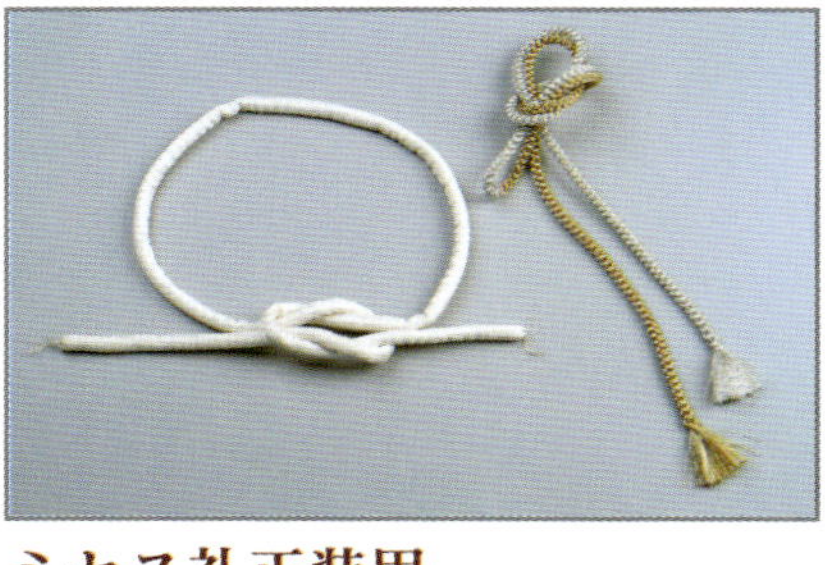

ミセス礼正装用

留袖には白の丸ぐけや、金、白の格のある組みひもを。また、水引といって、真ん中から金銀に分かれているものは、金が本人から見て左に、銀が右にくるように締める（のし袋と同様に、向かって右に金）。

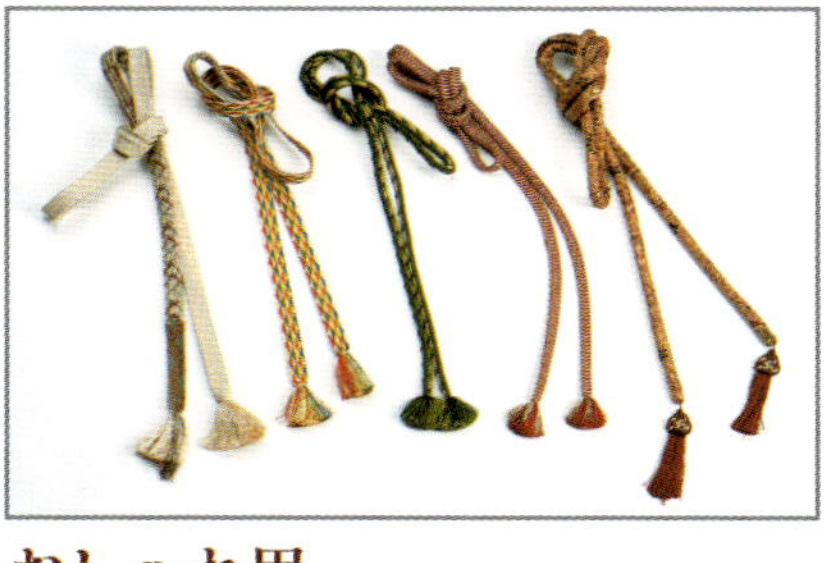

おしゃれ用

柄のあるもの、細めの丸組み、おしゃれっぽい丸ぐけなどさまざま。おしゃれ着の帯締めはセンスの見せどころだが、帯の命綱でもある。ゆるまない素材を選ぶこと。

半衿（はんえり）

半衿は顔の一番近いところにあって、きものと顔とのつなぎの役目をしてくれる。半衿の色がわずかにのぞくだけで、よりいっそう顔が引き立つ。

また、きものの衿の汚れを防ぐという実用的な面もある。半衿という名は、きものの衿丈の半分の長さからついたという。

舞子の半襟

ちりめんに刺繍を施した贅沢なもの。舞子はうなじを美しく見せるために衿おしろいを塗るから、このような派手な色も効果的である。

最近は半襟に凝って派手なものを用いる人もあるが、きものとの格や、肌の映りのよさを重視して選びたい。

冬用

明治～大正時代のアンティークの半襟。日本髪を結っていた時代は、衣紋を多く抜き、衿幅を広く出したため、色とりどりの刺繍の半衿は効果的だった。

夏用

アンティークの半襟。夏用の半衿には、絽、紗、タテシボ、絽ちりめん、麻など多くの種類があった。また、色無地や刺繍のものもあり、衿元のおしゃれを大いに楽しむことができた。

帯留め（おびどめ）

明治になると、武士の刀の鍔《つば》などをつくっていた職人たちは仕事にあぶれた。そこで彼らは、組みひもに通す細工ものをつくるようになった。これが帯留めのはじまりである。

職人の技で精緻な帯留めの飾りものが生み出され、やがて、鼈甲《べっこう》や七宝なども用いられるようになった。

鼈甲、漆、珊瑚、七宝焼、象眼などたくさんの種類がある。昨今のリバイバルブームで、帯留めを使用する若い人も増えている。外国の石や陶器を楽しむ人もいる。

第三章 染めのきもの

京友禅

きょうゆうぜん◆産地：京都府京都市

色鮮やかな手描き友禅の代表格

元禄時代、京都知恩院門前に、扇絵を描く絵師・宮崎友禅斎がいた。この絵師が、京友禅の特徴である防染糊や糸目糊を発明したといわれる。

京都で生まれた華やかな布

京友禅というと、手描き友禅を連想することが多い。友禅染めの元祖とされる宮崎友禅斎が、京都知恩院の門前に住む扇絵師であったこともあり、京都と手描き友禅のかかわりは深い。

しかし実際には、手描き友禅の中に、糸目糊を用いる京友禅や加賀友禅、さらに豆描き友禅、あぶり友禅、無線友禅など、多くの種類の友禅がある、ということになる。

糸目糊でにじみを防ぐ

京友禅の特徴は、糸目糊という防染糊を使用することにある。布地の上に直接絵筆を走らせると、染料ににじみが起きて、ぼけてしまう。そこで、もち米と糠を原料とした防染糊を使う。防染糊を筒金《つつがね》の中に入れ、青花《あおばな》（露草の花の汁でつくる）で描いた模様の輪郭に沿っ

松や牡丹、梅の花を波間に漂わせた図案的な友禅模様。写実的というより、作者の構想が感じられる模様である。

て、糸のように糊を引いていく。

それから色を挿し、仕上げの際に糊を落とすと、糊を引いた部分が糸のような線状に残り、模様にくっきりとした輪郭ができる。

この工夫によって色のにじみがなくなり、繊細で多彩な色使いが可能となったのである。

戦前の本振袖。振袖全体が屏風絵を見るような文学的想像をかきたてる。霞に風帳、花丸文。御殿の奥の几帳の陰に、美しい姫君を感じさせる京友禅。

上のきものの部分。描き疋田に花丸模様。菊と橘の花びらの先に刺繍が施してあるので、立体的に浮き上がって見える。描き疋田とは、手描きで疋田絞りのように見せる技法。

熟練技術者が分業で制作

こうした技法を発明したのが、宮崎友禅斎だといわれ、その名をとって「友禅染め」と呼ばれるようになった。糸目糊を使用した友禅のことを射止め友禅、または本友禅と呼んでいる。

京友禅の特徴は、模様が図案的で、花鳥風月がデザイン的に構成されているものが多いことである。技術

留袖の裾模様である。職人が丹誠込めて描いた精緻な柄。この部分だけを切り取って額に入れれば、立派な美術品として通用しそうなほど丁寧な仕事である。

手描き友禅ができるまで

手描き友禅には、さまざまな細かい工程がある。主な段階をざっと挙げると次のようになる。

1 図案を考える。

2 白生地を「湯のし」した後、仮絵羽に仕立てる（仮縫いして、きものの形にする）。

3 仮絵羽仕立ての白生地の上に、青花で下絵を描く。

4 仮絵羽をほどいて、伸子（しんし）張りをして下絵に沿って糊を置く。

5 にじみ止めおよび、染料の定着をよくするため、豆汁（ごじる）を引く。

6 染料で絵柄に色挿しをする。

7 縫（は）いをしてから蒸す。

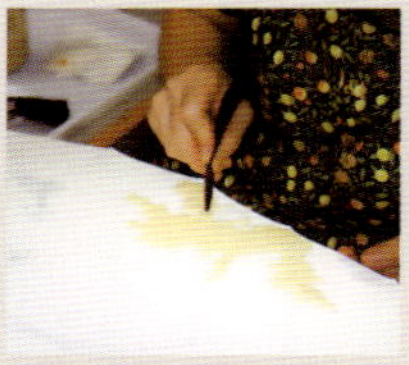

8 地染めをする場合は、「伏せ糊」といって着色した模様の上に糊を置き、防染する。

9 地色をハケで染めてゆく。

高橋徳では、手描き友禅の行程を体験できるコースを設けている。
問い合わせ：(株)高橋徳　〒604-0013　京都府京都市中京区新町通二条上ル二条新町717
Tel.075-211-1664　URL：http://takahashitoku.com/

者の分業による制作が、こうした特徴を産んだのではないかともいわれている。

手描き友禅は、できあがるまでにいくつもの工程を経るが、京都では今でも、それぞれのエキスパートの職人が分業して、一枚の布を仕上げている。

桐の葉と花の総模様。背中の部分が白地なので、このようなきものは、はっきりした色柄の帯をもってきたほうが引き締まる。

10 糊や余分な染料を水で洗い流す。現在では工場内にその設備があるが、かつては「友禅流し」といって川で行った。

11 再び蒸して「湯のし」をする。

12 金箔や刺繍などをして仕上げる。

写真提供：(株)高橋徳

着こなしのアドバイス

伝統的な技法で染められる京友禅は、振袖や留袖、訪問着といったように、礼正装に用いられることが多い。帯や小物を選ぶときも、格や品格を大切に。

加賀友禅

かがゆうぜん◆産地：石川県金沢市

気品のある自然描写が魅力

金沢藩のもとで染色技術が発展。江戸中期には繊細で品のある手描き友禅が形づくられた。写実的な自然描写と、派手すぎない色彩が特徴だ。

季節の題材を写実的に描く

京友禅との違いは、自然の草花に題材を求め、四季の移ろいを写実的に描写する点である。葉や花の虫喰い、あるいは朽ち果てゆくさまを多彩な色使いで描き、しかも落ち着いた風情を漂わせる。

九谷焼で知られる加賀では、古くから絹織物や染色が盛んであった。梅の樹皮の煎汁に浸して染める「梅《うめ》染《ぞめ》」や、定紋《じょうもん》（家を代表する家紋）のまわりを花模様で飾る「色絵紋」の技法など、「加賀御国染《かがおくにぞめ》」と呼ばれるものがあった。

こうした土壌の中で、江戸中期、加賀の染色技術は画期的な進歩を遂げ、独特の友禅を育んだのである。

また一説では、宮崎友禅斎が晩年に京都から加賀へ

人間国宝・木村雨山氏の作。濃紺の鬼シボちりめんの地に、九谷焼の壷を染め上げたもの。かなり高価な名古屋帯であるが、帯の格としては錦織の袋帯のほうが上になる。

木村雨山氏の袱紗（ふくさ）。三方や、盆の上の品物にかけて使用するもので、茶袱紗とは異なりサイズは大きめ。毛抜き合わせの袱紗仕立てである。

移り住んで、加賀友禅の発達に大いに貢献したといわれている。

友禅斎は八十三歳で生涯を閉じたが、大正九年に金沢の卯辰山竜国寺で友禅碑が発見されたという。友禅斎の二十三回忌を記念して、友禅斎が身を寄せていた金沢の太郎田屋という紺屋が建立したものだと伝えられている。

秋の紅葉を染め上げた戦前の加賀友禅。抑えた色彩の中にも情緒的な美しさと華やかさが品格を感じさせる。

いかにも加賀友禅らしい訪問着。花びらや葉の濃淡の美しさ、浮き立った白がさわやか。春から初夏にかけて着たい一品。

着こなしのアドバイス

自然の草花に注目し、写実的に描写したものが多い加賀友禅。百万石の文化土壌で育まれてきたものであるから、品を大事に着こなしたい。

型友禅《かたゆうぜん》

多彩な色で型染めした身近な友禅模様

型紙を使って布地に直接、友禅模様を染めてゆく技法を型友禅という。化学染料の発達で多彩な型染めが可能になった。

染料を糊に混ぜて染める

型紙を使って染める方法自体は古くからあったが、もっとも盛んに行われたのが江戸時代である。

武士の裃《かみしも》などを染めた小紋型（現代の江戸小紋）、中型（長坂染めといわれているゆかた生地）、大紋型（武士の礼装用の大紋という衣装につける紋章を染めた）などがあった。これらはいずれも単色である。

型友禅と呼ばれるものが染められるようになったのは、明治に入ってから。階級制度の制約がなくなり、一般庶民にも絹の友禅が許されるようになると、より安価で身近なものが要求されるようになった。

ちょうどその頃、海外から化学染料が導入され、糊に染料を混ぜ合わせて型紙で美しい友禅模様を染める

昭和初期の羽織。羽織柄は、きものより派手めで大柄のものが多い。一反を使って羽織に仕立てているので、派手になったら年下の妹のきものに仕立て直したりされた。

地色は地味目だが、柄が大きい昭和初期の作品。きものにも羽織にも使えるような型友禅である。帯で変化をつければ、ミスからミセスまで着られる。

方法が考案された。こうして単彩色の型染めの分野でも多彩な色使いが可能になり、これを型友禅と呼んだ。

手わざのなせる美しさ

複雑な工程を経てできる手描き友禅に比べて安易とはいうものの、美しい絵柄をつくるには、色数だけの型紙が必要である。十枚もの型紙を、一枚ずつ一色ごとに型染めしていく作業は、そう簡単ではない。

濃紺のちりめん地の型友禅。右下の作品とは異なり、ずっと大人びた印象である。錦織の帯などにすると格が出る。塩瀬の染め帯の名古屋帯にすると、また別の雰囲気になる。

現代の江戸小紋も型友禅も、「型彫り」という型紙を使用するが、伊勢の白子《しろこ》が有名である。貼り合わせた和紙に渋を引いて渋紙をつくり、一本の細い刀を繰りながら、さまざまな文様を彫り上げる。型彫りの技術は、手先の器用さを誇る日本人の名人芸であろう。

こうした繊細な技術のおかげで、日本のきものは多様な美しさを楽しむことができるのである。

若い娘さん向きの華やかな型友禅。このように色数の多いものは、色別だけでなく、色の濃淡別にも型紙が必要になる。手の込んだ一品。

着こなしのアドバイス

最近は型友禅にも豪華で華やかなきものが登場している。留袖、訪問着、外出着など、格によって模様づけも考えられているから、それに見合うような着こなしを心がけたい。袋帯を文庫などに結ぶと華やいで見える。

江戸小紋

えどこもん◆産地：東京都

精緻な柄を型染めした江戸の品格ある布

江戸時代、武士の裃を染めるために発達した小紋柄。いろいろな柄があるが、気品のある美しさは熟練工の職人技によるものである。

昭和30年代に「江戸小紋」の名

江戸時代の武士の裃に用いられた、細かな模様を伊勢型紙を使って、伝統的な技法で型染めしたもの。その特徴は、品格のある精緻さにある。紋をつければ色無地と同様、略礼装として通用する。

実は、江戸小紋と呼ばれるようになったのはそう古いことではない。昭和三十年に、小紋型染の第一人者、小宮康助氏が人間国宝に認定された際、他の小紋と区別するためにつけられたもの。それまでは型紙を用いて染める「染め物」のことを、何でも「小紋」と呼んでいたようである。

江戸小紋は一色染めの単彩で、柄は細かいほど価値がある。一見無地のように見えるが、近寄れば精巧な

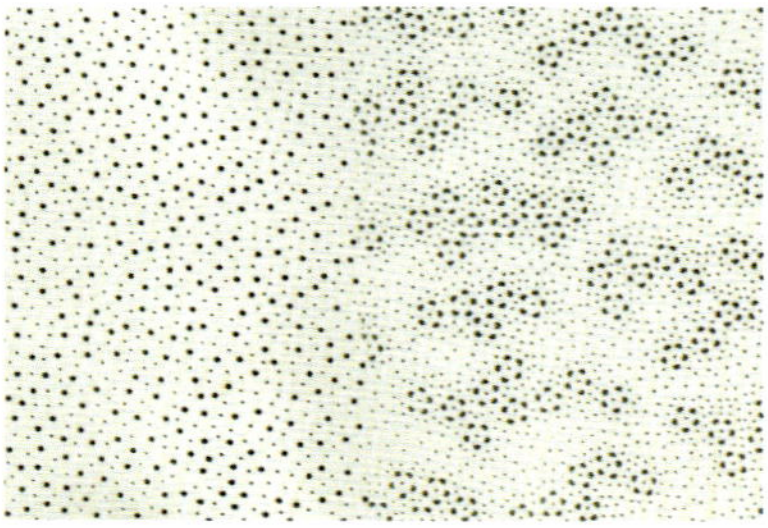

キリで刺したような極小の孔を全面にちりばめて模様を彫ったあられ（左）と梅鉢ちらし（右）。

小紋は、縫紋一つつければ略礼装になる。ただし、半喪服には派手な色は避けること。

技が光る。型彫り師の腕と、その型紙を「送り星」を頼りに寸分の狂いもなく糊置きをする職人の、技術の結集である。

さまざまな小紋の型紙をつないで型染めする「段つなぎ小紋」。江戸小紋の型紙は十五センチなので、同じ柄なら一枚の型紙を送りながら糊置きをするが、このように複数の柄を染める場合は、柄の数だけの型紙が必要になる。

異なる型紙を使って一枚のきものに染める。型紙と型紙の間にずれが生じてはいけない。まさに職人の技術のたまもの。

着こなしのアドバイス

控えめながら精緻な優美さで、気品に満ちた江戸小紋。上品に着こなすか、粋に着こなすかが勝負どころ。帯結びや小物を工夫すると粋に。縫紋などつけておくと略装として色無地と同じ格で着られる。帯の格を落とさないことも大切。

琉球紅型

りゅうきゅうびんがた◆産地：沖縄県那覇市

一枚の型紙で多色を染め抜く

琉球王朝は近隣諸国との交易が盛んであった。紅型は、日本の友禅、中国の切花布、南方の更紗などの影響を受けながら生まれたものである。

王家にまつわる高貴な布

紅型とは、さまざまな色を使った型染めという意味である。これに対して藍だけで型染めしたものを藍型《えしー》という。

紅型は、琉球王朝の庇護のもとに発達した。王家と士族のみに許され、一般の人々は着ることができなかった憧れの衣裳である。ことにフク木で染めた黄色地の紅型は、王家の人にしか許されなかった。

紅型の特筆すべき点は、豊かな色彩を一枚の型紙で染め上げてゆくこと。糊で防染しては、色を挿してゆく。この作業を繰り返すのである。

構図・型彫り、色挿しまでの行程を、すべて一人で行う。まず図案を考えて、柿渋の和紙に型彫りする。このとき、型紙の下に下敷きを引くが、これは普通よりも多くの大豆を用いてつくった豆腐を乾燥させたもの。「るくじゅう」と呼ばれ、表面は硬いが中は柔らかい。型彫りの美しさを出すには欠かせないものである。

次に、生地に豆汁を引いて色のにじみを防ぐ。その上に型紙を置き、もち米に糠と塩を混ぜてつくった糊を置いて、ヘラで伸ばす。

型紙を外すと、模様の部分に地肌が出る。そこに色を挿していく。模様の染料には主に顔料を用い、地色には植物染料を使うことが多いようである。

この作業を何度も繰り返しながら、いかにも南国情緒を感じさせる赤や黄、青といった豊かな色彩が刷り込まれてゆくのである。

紅型模様の特徴は、何といっても色彩の豊かなこと。そして、ポイントの模様に隈取りが施されているため、立体感が出ることである。

藍一色で染めた藍型は、紅型に比べて地味で素朴な味わい。年配の人でも締められる。小物にわずかな色を使うのもよい。

着こなしのアドバイス

色鮮やかな紅型の帯には赤や青の原色の顔料が使用されて、南国的な情熱が感じられる。きものは、紬などの地味目のものにするといっそう引き立つ。

沖縄の自然の樹や花、家などを型紙に彫って色を挿す。手描友禅に比べ、模様が版画のような印象である。

辻が花《つじがはな》

室町時代から伝わる気品漂うきもの

墨絵と絞りの、簡素ではあるが品格に満ちた辻が花。権力者たちにも好まれ、さらに色彩豊かな縫いや金銀箔が施されて豪華に発展した。

昭和に復活した〝幻の布〟

昭和の辻が花といえば絢爛豪華なものを想像しがちである。しかし、室町当初の辻が花は、絞りと墨絵で描いた簡素なものであった。

模様を絞り染めした輪郭に墨絵を施したり、模様の隙間に墨で描いたりしていく。枯れかけた花や葉の朽ち果てゆくさまを題材に描き、もののあわれを漂わせた美しさを表現した。

その美しさは権力者たちの目にとまり、さらに色彩を加え、金銀箔や縫いをあしらったものさえ現われて、豪華なものとなった。

武将たちは戦場の陣羽織などに愛用したが、やがて姿を消し、技術を伝承する者もいなくなって、幻の染

左㌻の辻が花のきものに合わせてつくった帯。同じ辻が花同士を合わせれば無難である。

辻が花の風呂敷。ちりめんの地でどっしりしている。風呂敷一つにも心配りをするのがきもののおしゃれである。

色とまでいわれた。

その後に試行錯誤が繰り返され、昭和の末期に息を吹き返した。振袖や、訪問着の正装用としても格のあるものである。

白結城の地に総辻が花に染め上げたもの。上前の裾から後裾にかけて色彩を変えて変化をつけている。豪華で格調高い。

着こなしのアドバイス

振袖や訪問着はもちろんのこと、留袖や訪問着の裾模様の部分にだけ辻が花があしらわれる場合もある。いずれにしても、あくまでも上品に格調高い着こなしが大切。帯は辻が花の袋帯などを揃えれば最高だが、西陣織の袋帯でもよい。

絞《しぼり》り

手間と暇をかけた古代から伝わる技法

布を糸で括ったり、器具で挟んだりして防染し、染料で染める。総絞りのきものは、一粒ずつ括っていく細かい作業のため、とても手間がかかる。

大奥でも禁止された贅沢品

振袖などに用いられる鹿《か》の子《こ》絞りは、総絞りにしたその模様が、鹿の背中のまだらに似ているところから、「鹿の子絞り」と呼ばれたという。手間暇かかる贅沢品として、江戸時代の大奥でも奢侈《しゃし》禁止令で使用を禁じられたこともあった。鹿の子絞りには、手結びと器具を使用したものとの二種類がある。

本鹿の子＝青花刷りの星に合わせて、指先で布地をたたみ込み、絹糸で七回括ったものをいう。四回括ったものを中疋田、二回を京極という。

京極絞り＝器具を使って木綿糸で括る。生地の線条に一粒ずつ京極を絞ったものを一目《ひとめ》（人目）絞りという。これは模様絞りに多く用いられている。また、一目絞

抹茶色の総絞りのきもの。このような総絞りのきものは、薄い絹の布を裏打ちしてから仕立てないと、仕立てにくいばかりでなく、狂いが生じるので注意したい。

りを総絞りにしたものを、「総一目」という。

疋田絞り＝普通の鹿の子よりやや大型の四角型の絞りのことを指すといわれる。また、全国の織物や染物を研究した文化人・明石染人説によれば、「疋田とは〈全く〉直《ヒタ》の音便で、疋田絞りとは鹿の子絞りを総絞りにしたもの。これを疋田鹿の子という」とある。

疋田絞りの総絞りに、日本刺繍を施した手の込んだ高級品。刺繍は肩裾に施して訪問着ふうにしている。帯も格調高い丸帯か袋帯を。

着こなしのアドバイス

絞りのきものは高価であっても、正式な場には着られないといわれる。紋付ではないので、留袖より格は下であるが、決して格が低いわけではない。儀式などでなければ、訪問着としてどこでも立派に通用する。大奥でも御法度になったのは、贅沢すぎたからである。

タテ縞に染め分けた、手間のかかった総絞りの羽織。ただし、総絞りの羽織は、あくまでもおしゃれ用として使用すること。

茶屋辻《ちゃやつじ》

奥女中だけに許された徳川家の「止め柄」

江戸時代中期以降、御殿女中の夏の正装として用いられた。本来は、帷子（かたびら）と呼ばれる麻の単衣であった。

藍染めした夏の布

一般的に知られている茶屋辻模様とは、江戸中期以降に御殿女中の夏の正装用として用いられたもの。徳川御三家の止め柄（留柄）として、一般庶民には手の届かぬものであった。

もともとは、奈良さらしや越後上布の高級品の麻布を使って藍染めしたもので、四季の花々や水辺の風物などの絵模様であった。その後、絹を染めて部分的に赤の刺繍を施したものなどがつくられた。

本物の茶屋辻は、現在では博物館にでも行かなければお目にかかれないが、茶屋辻ふうに染めた紬の単衣などは、たまに見かける。

着こなしのアドバイス

徳川家の奥女中だけに許されていた柄であるから、品格のある着こなしが大切。帯も格調高く。素材、柄を選ぶこと。着付けは、粋になりすぎないように注意を。

江戸時代の茶屋辻模様を現代風にアレンジした、生紬（なまつむぎ）の訪問着。下前は紺の無地、上前は茶屋辻模様の片身変わりである。

有松・鳴海絞り

ありまつ・なるみしぼり◆産地：愛知県名古屋市

武士が広めた絞りのゆかた地

元禄時代、参勤交代の大名や武士たちが江戸への土産に、また国元への土産として有松・鳴海絞りを用い、やがて全国に知れわたった。

主にゆかた地に利用

有松《ありまつ》・鳴海《なるみ》絞りは、有松町・鳴海町地方でつくられる木綿絞りの総称である。

主にゆかた地として愛用されており、熟練した技術が生み出す多様な絞りが特徴である。

三浦絞り・鹿の子絞り・巻上絞り・竜巻絞り・柳絞り・蜘蛛《くも》絞り・嵐絞り・筋絞りなどなど。

絞りの工程は、すべて分業で行われている。手順を示すと、①図案づくり、②型彫り、③生地に型紙の図案刷り、④絞り加工、である。

もっとも技術を要するのは、絞りの工程である。絞りの種類によって、糸で括ったり、縫ったり、巻きつけたりと手法が異なる。一反の反物に、幾つもの模様

鳴海絞りのクッションカバー。江戸時代からの伝統的技術は、現代のインテリアとしても活躍している。

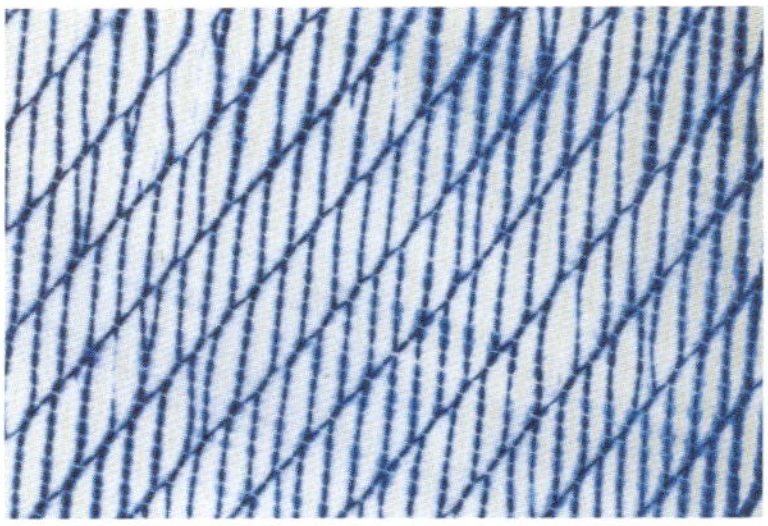

嵐（網目）。小粋な男女のゆかたとしても、手拭いやインテリアとしても活きる垢抜けた絞り。

絞りの手法が用いられる場合は、それだけ数多くの人の手が必要となる。

豆絞りの手拭いが端緒に

こうした絞りの元祖となったのは、竹田庄九郎という人物。三河木綿に豆絞りの手拭いを染めて売り出したのがはじまりであった。その後、幕府に鳴海絞りの手綱を献上したところから、全国に知られるようになった。

江戸時代、参勤交代のために江戸と行き来する西の諸大名たちにとって、有松・鳴海地方は有名な街道筋の宿場であった。浮世絵師・安藤広重も、東海道五十三次の宿場風景の一場面として、「鳴海の宿」に有松絞りを売る店々を描いている。

この地に投宿した武士たちが、各地への土産にし、全国へと広まったのである。

麻の葉模様の鳴海絞りのゆかた。麻は成長が早く、健康に育つという意味で、子供柄にも多く用いられたが、大人のゆかたの柄としてもモダンである。

着こなしのアドバイス

鳴海絞りのゆかたを私も愛用しているが、実に着やすく、軽くて涼しい。素肌に着て（半襟を出さず）、素足に下駄履きで近所へ買い物に行ったりする。いわゆる普通のゆかたよりも、ずっと落ち着ける。

多彩な鳴海絞り

布を括って染める絞りの技術で、さまざまな文様を描き出すことができる。中でも鳴海絞りは、その種類の豊富なことで知られる。代表的なものを紹介する。

平三浦

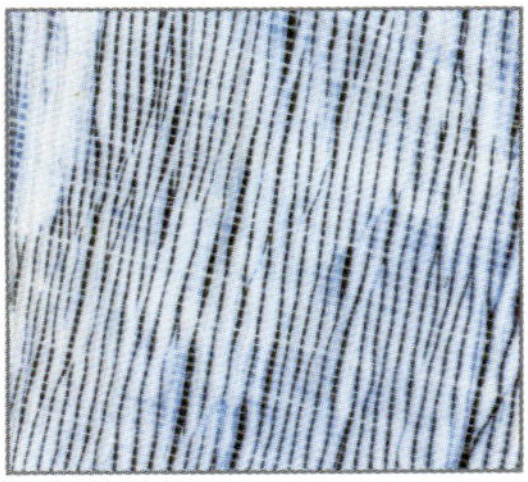

嵐

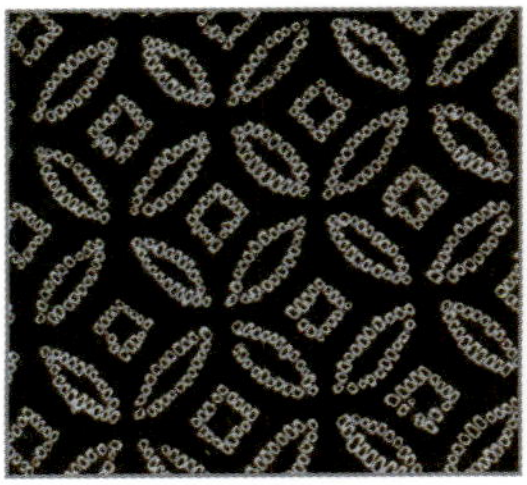

鹿の子

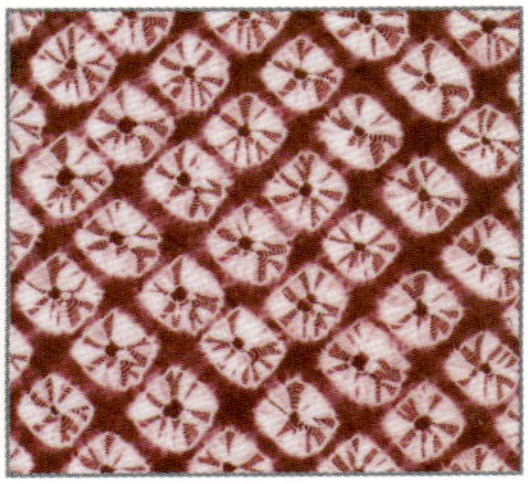

蜘蛛

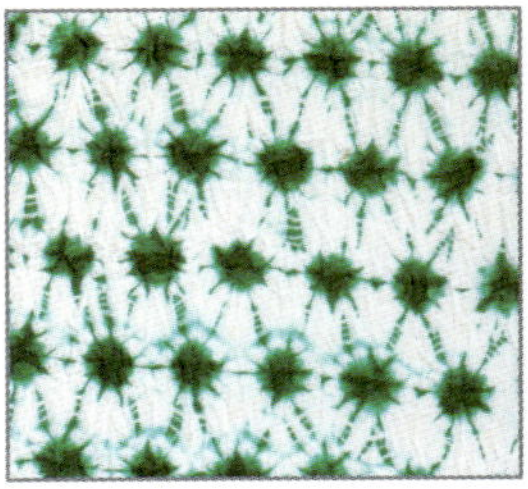

日の出

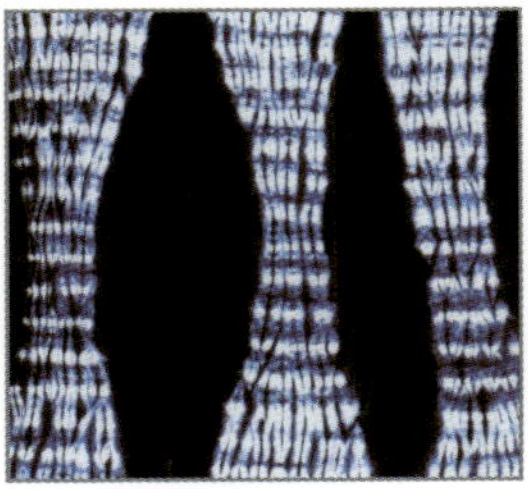

杢目

手蜘蛛

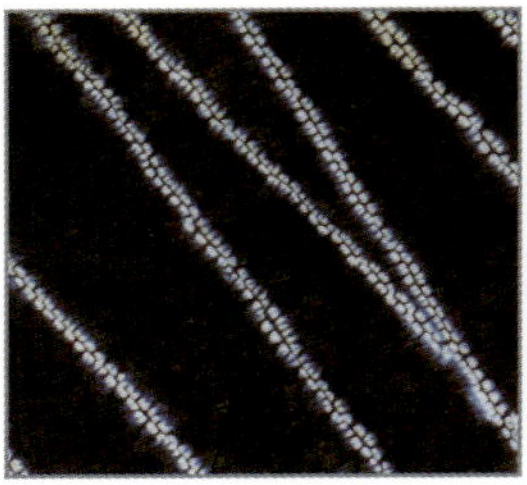

合わせ縫い

よろい段（嵐）

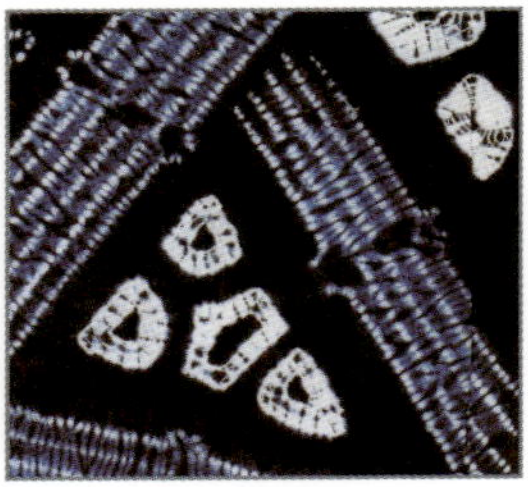

平縫い

江戸中型

えどちゅうがた◆産地：東京都

江戸庶民に愛好された涼しいゆかた地

昔、高貴な方が入浴に際して水気を取るために用いた湯帷子（ゆかたびら）が変じてゆかたになった。現代のバスローブのようなものである。

湯上りや夕方からの家庭着

ゆかたのことを別名、「江戸中型」ともいう。江戸では、中型の型紙を使って白地に藍や、藍地に白の模様を染めることが行われていたので、この呼び名がある。

本来は湯上りや、夕方からの家庭着として用いられていたが、現代の若い人たちは、昼間からゆかたを着ている姿も見かけられる。

湯上りにはバスローブがある現代は、ゆかたは街着に昇格したのかもしれない。昨今はゆかたの柄も豊富である。

しかし、ゆかたを上手に着こなすのは意外に難しいもの。ゆかたくらいなら誰でも簡単に着られると思い

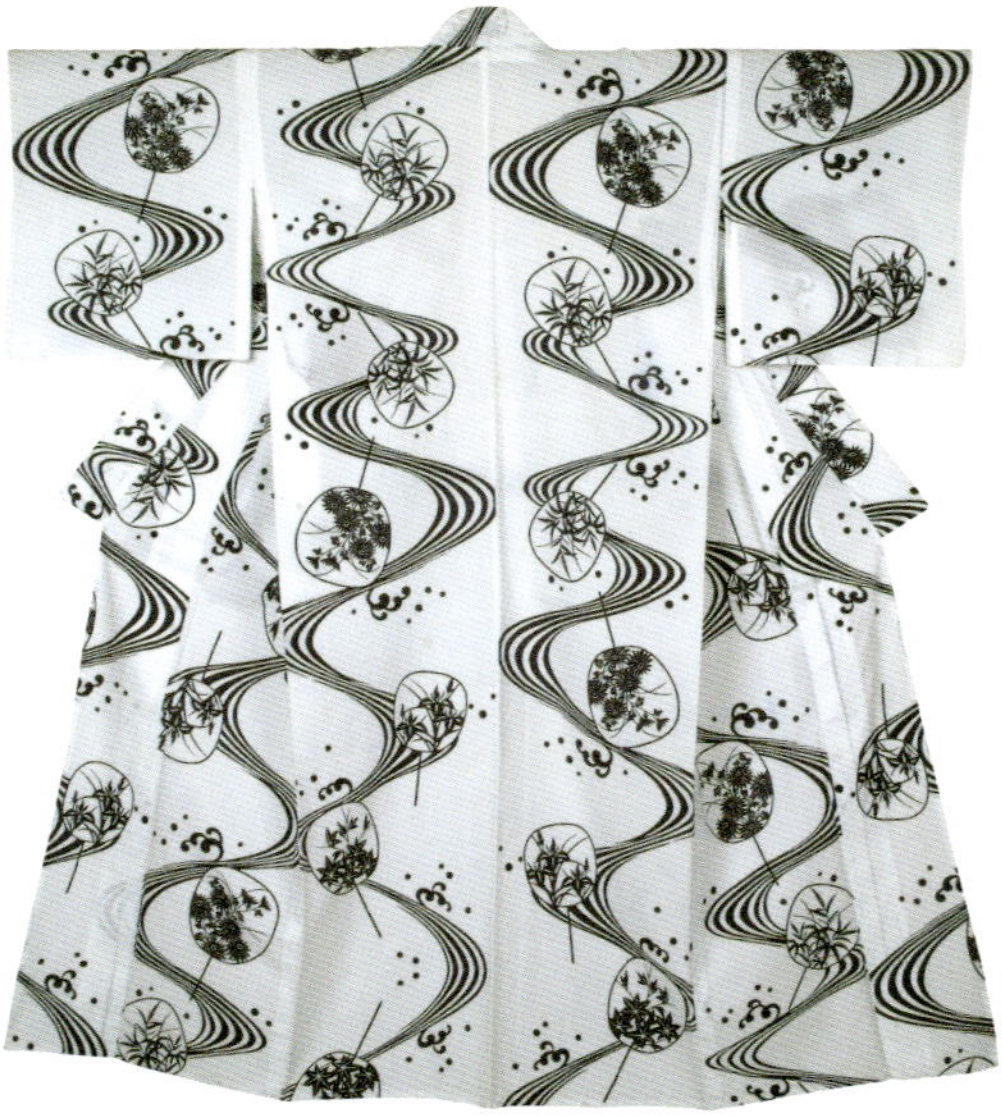

白地に流水と団扇を藍一色で型染めしたもの。以前は、こうしたゆかたは湯上りや家庭の中、せいぜい夕涼みの散歩ぐらいに着るのが常識であった。

がちだが、寝巻きや旅館のゆかたならいざ知らず、日本の夏の夕暮れの風物詩ともなれば、美しく着たい。

本来、ゆかたは素肌に着るものだから体の線も出やすい。衿合わせや衣紋《えもん》にも気を配り、下品にならないよう女性らしさを大切に着たい。

流水に朝顔の花。藍とグレーの二色で派手な色は使っていないが、若い人向きの柄である。赤や黄の半幅帯を、蝶結びや文庫結びにするとかわいらしい。

ゆかた柄というより、ちりめん地に藍染めなどによくある柄である。ちぢみゆかたなので、半襦袢に半襟をつけると、ミセスの街着としても着られる。

着こなしのアドバイス

ゆかたが街着として定着しつつある今、下着も着ずに、素肌の上に直接着るわけにはいかなくなった。肌着と裾よけくらいはつけてボディラインを整えるほうが着崩れしない。

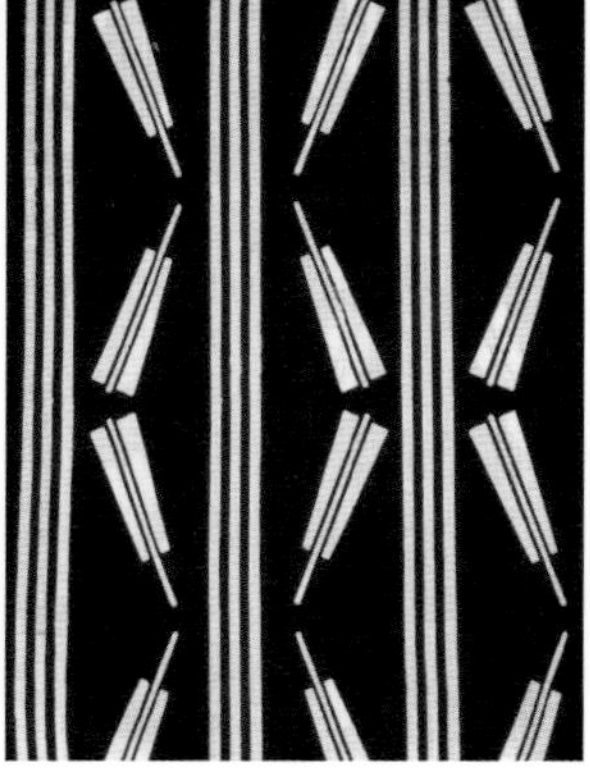

藍地に模様を白で表現。縞も扇子も直線的な粋な柄。若い人より大人の女性に似合いそう。帯も白に黒の献上柄を。半幅帯を貝の口結びにしゃっきりと。

南部染め

なんぶぞめ◆産地：岩手県盛岡市

地元民が復活させた伝統の染色技法

古来、位の高い、高貴な人にのみ許された紫色は、紫草の根で染めたもの。南部地方には鎌倉時代以前に伝えられたという。

二年をかけて染め上げる

茜草《あかね》や紫草は、万葉の歌にしばしば登場する。しかし、それらを原料とする茜染めや紫根《しこん》染めは、現在では岩手県の南部地方の一部にしか見られなくなった。

昔、鹿角《かづの》地方には、茜草や紫草、媒染剤となるニシコリが豊富に自生していた。そのため、染色が育まれたのである。

昔ながらの秘伝の技法で染めるには、ニシコリ灰に百二十～百三十回も下染めしてから、本染めを十数回繰り返す。一枚の布が染め上がるまでには、二年余りの歳月を要するという。

そしてさらに、一年たんすの中に寝かせて安定させるのである。

地元の人々の努力で復活

このような伝統技法は化学染料の進出によって絶滅の憂き目に遭ったが、関係者の努力によって復活した

南部茜染「義十七番　御所車」。古代、茜色は太陽の色といわれていた。　写真提供：(有)草紫堂

草紫堂では、紫根染めや茜染めの着物、小物を扱っている。
(有)草紫堂　〒020-0885　岩手県盛岡市紺屋町2-15
Tel.019-622-6668　URL：http://www.ictnet.ne.jp/~soshido/

のである。大正五年頃から復活への機運が起こり、昭和八年に設立された「草紫堂」によって研究が重ねられた。現在では、伝統的なものに現代技術も取り入れながら製作されている。

染色の美しさもさることながら、絞り模様にも特色がある。

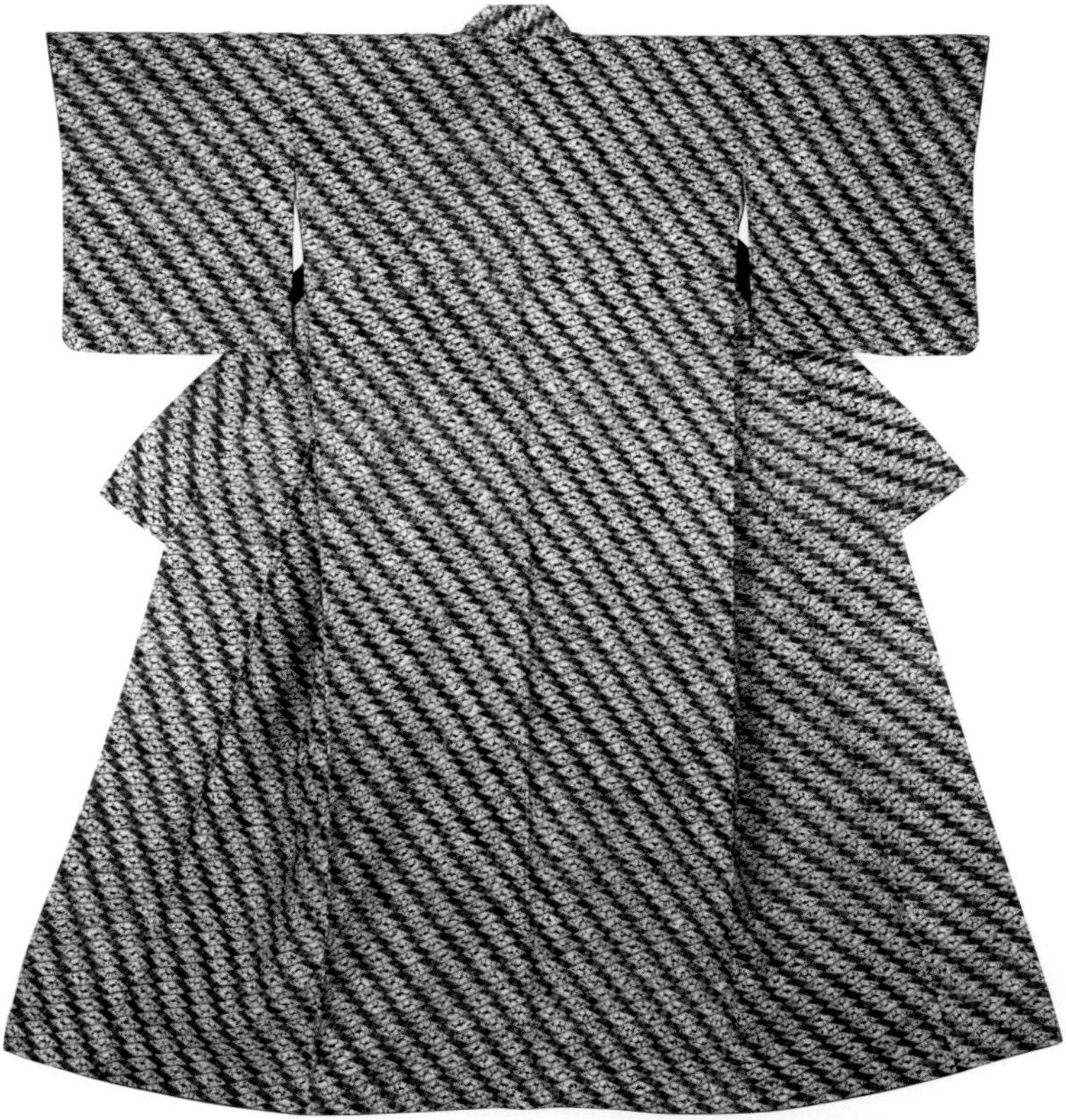

落ち着いた紫色の深みを出すには、じっくりと色を寝かせる時間がかかる。さまざまな紫色を出せるが、これは染めの回数によって変わってくる。

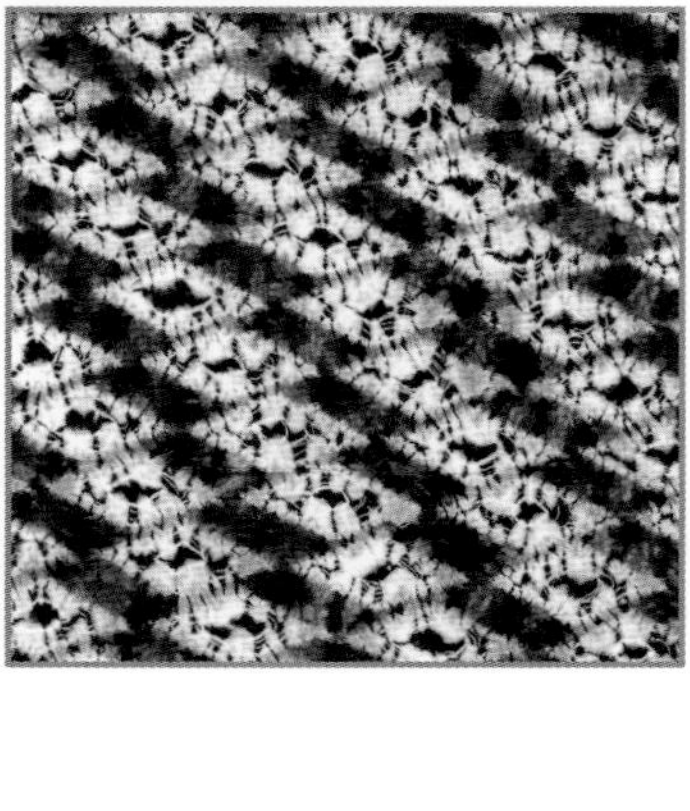

着こなしのアドバイス

南部地方の紫根染めは、やや赤味を帯びた紫色。絞りのきものなどは、京鹿の子とはまた違った趣と品がある。帯も派手な錦織ではなく、古代裂（こだいぎれ）ふうのざっくりとしたしゃれ袋などがよいだろう。

ろうけつ染め《ぞめ》

ひび割れがつくる偶然の模様の面白さ

正倉院の宝物にも見られるろうけつ染め。時代によって表現方法を変えながらも、今日まで日本人に愛好され続けている。

天平の時代から続く染色方法

大陸から日本へ最初に上陸した染色が、纐纈《こうけち》、夾纈《きょうけち》、﨟纈《ろうけち》の三つだとされる。これを天平の三纈というが、順に絞り染め、板締め染め、ろうけつ染めである。

ろうけつ染めは、ろうを用いて染色をする手法。ろうが乾くと亀裂が生じて独特のひび割れができるが、そこに染料をしみ込ませる。

その時々のろうの亀裂の入り具合によって、現れる模様の面白さがある。

また、筆にろうを含ませて模様を描く「ろう描き」もある。

着こなしのアドバイス

写真のような付け下げは留袖とは格が違うので、黒地であっても結婚式には着られない。趣味の会合やパーティなどに、白っぽい帯を用いるとすっきり垢抜ける。

新芽が萌え出るような柄は、やはり秋に着るより、五月の若葉の季節に着たいもの。袋帯でも名古屋帯でもよいが、格のあるおしゃれな帯を選びたい。

第四章　きものの基礎知識

きものの手入れ法

きものは鮮度を大切に着たいもの。しまうときの手入れから、次に着るときの準備がはじまっている。多くの人々の手を経てようやく完成するものであるから、大事に手入れをしながら着るのが、きものへのマナーであろう。

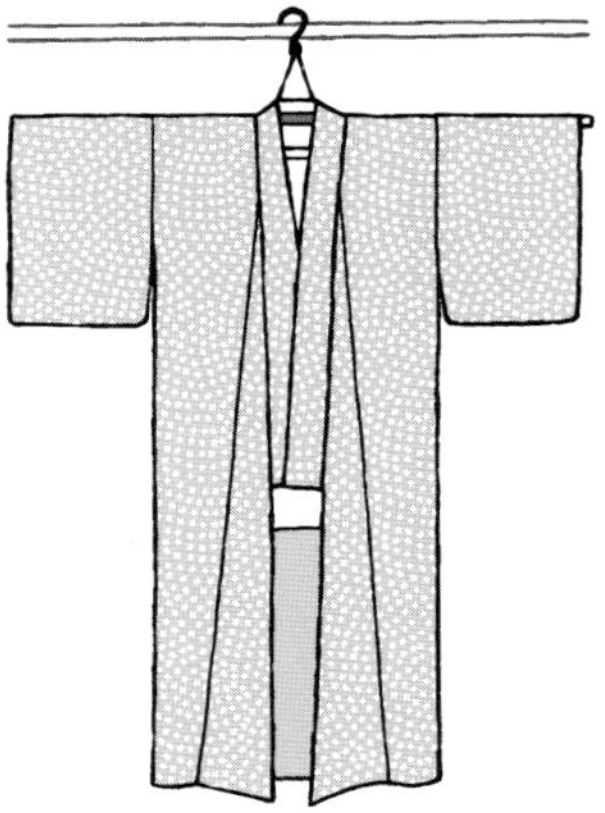

①きもの用ハンガーは呉服店やデパートで売っている。洋服用ハンガーでも代用できるが、専用のほうが形に狂いがこない。

②ベンジンを染み込ませたコットンで叩くようにする。袖口などは拭く。ベンジンのシミができてしまったら、おぼろタオルなどを下に敷いて、ガーゼかコットンで叩いて伸ばすとよい。

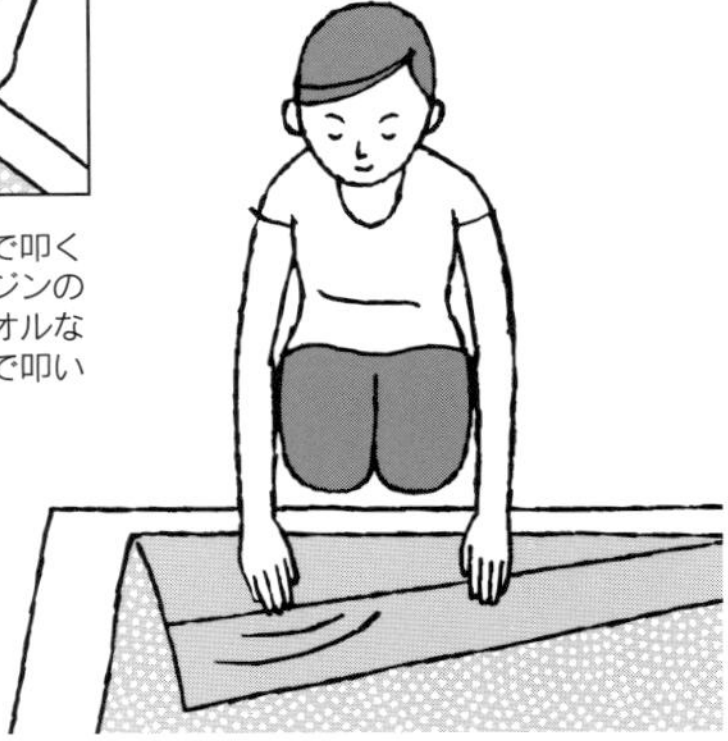

③たたむ前に、裾は手で払ってホコリなどをとる。

絹のきもの

絹のきものは動物性タンパク質。お蚕さんがせっせと口からセリシンという白い糸を出して繭をつくり、その繭から美しい絹糸がつくられる。手間のかかった高価なものであるから、他の生地に比べて、手入れにも特に気を配りたいもの。以下のような方法で手入れをするとよい。

①きものを脱いだら、すぐにきもの用ハンガーにかけて、二時間くらい風を通す。

②風通しがすんだら、ベンジンをコ

④手のしアイロンで小ジワを伸ばす。絹に限らず、どのきものでもやるとよい。

⑤絹の場合は必ず白いハンカチや手拭いなどをあててアイロンをかけるように。

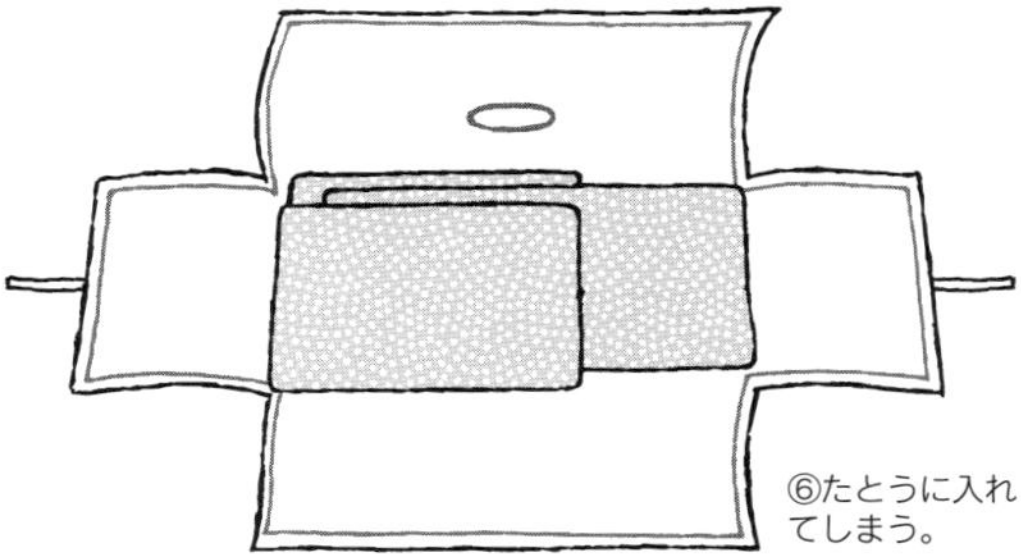

⑥たとうに入れてしまう。

ットンやガーゼに染み込ませて、衿垢などを拭き取る。ベンジンが多すぎると、逆にベンジンのシミをつくってしまうので注意。

③折目折目をきちんと揃えてたたむ。たたみ方が悪いとシワができる。

④たたむときは、手のしアイロンといって、手で布の上をなでるようにする。体温は三十五〜三十六度あるので、これで小ジワくらいは伸びてしまう。

⑤アイロンが必要なときは、必ず木綿の白い当て布をしてかける。

⑥たとうに入れてしまう。手に負えないようなシミや汚れは、洗い張り屋や呉服店など、専門家に任せたほうがよい。

なお、絹のきものでも、生き洗いといって、丸洗いもできる。呉服店などで相談するとよいだろう。

麻・芭蕉布のきもの

麻も芭蕉布も盛夏用のきもの。透けて薄く、また張りのあるつっぱった繊維や織り方は、涼しさの反面、それだけシワにもなりやすい。長く正座などしていると、立ち上がったとき、ひざの裏がシワで縮み上がってしまう。

またアイロンも、木綿や絹に比べてききにくい。

このような性質を持つ素材の手入れは、外出から帰って、脱いだらすぐ汗をとることが大切。布に染みついた汗は、そのままにしておくとシミになってしまう。

まず、表には乾いたタオルをあて、裏から水で固く絞ったタオルで叩く。こうして、乾いたタオルに汗を叩き出してしまう。タオルを何度もゆすいで、繰り返す。

最後に、きれいな乾いたタオルに取り替えて、表裏から挟むようにして拭き取る。背中のあたりは特に汗をかきやすいので、念入りに。

さほど汗をかいていない場合には、ここまでしなくともよい。裏に乾いたタオルをあてて、表から水で絞ったタオルで叩く。

夏のきものを涼しげに着るコツ

夏のきものを涼しく着るには、それなりの覚悟と準備が必要。意識をすれば、人目につくところにはそれほど汗をかかなくなるもの。きもの姿で汗だくなど、周囲の人もいっそう暑く感じる。

ただし、体には汗をかくから、下着に注意。汗を吸収しやすい素材を用い、ときには一枚余計に着るなどの工夫を。

紗や上布など透けたきものを着るときは、透けないようにするためにも下着にも心を配ること。一枚余分に着ればそれだけ暑いが、人様の目には涼しく映る。それが、人様の「目のご馳走」となることを忘れないように。

また、ひじから袖口にかけてや、裾のひざ裏のあたりは小ジワが出てとれにくいもの。霧吹きを吹いておくと、ちょっとしたシワならすぐ消える。このような手入れをしてから風を通す。

木綿のきもの

木綿も植物繊維だが、麻や芭蕉布に比べ、それほどシワができやすいものではない。手入れは比較的楽だと思うが、丁寧に取り扱うこと。

木綿の代表といえば絣がある。絣は先染めだが、藍染のように、後染めのものもある。無形文化財の高級絣や、後染めのものは、染色方法によっては手入れを慎重にしなければならない。

木綿は、大手のクリーニング屋でも扱ってくれるから、丸洗いも可能。衿の汚れはベンジンできちんと落としてから、シワはアイロンをかけて伸ばす。当て布は必ずあてること。

木綿だからといって、やたらに霧を吹いて雑にアイロンがけをすると、袷のきものは表裏に狂いが生じたり、布がたるんだりする場合があるから注意したい。

また、夏の薄物《うすもの》で、ローンのような薄いきものは、木綿といえども慎重に扱うように。アイロンは布目に沿って、やさしくかける。

化繊のきもの

化繊のきものと一口にいっても、ナイロン、テトロン、アセテートなどなど、さまざまである。近頃では、絹に近いような感触のものも見られる。

素材によるが、自宅で丸洗いができるきものは扱いがとても簡単。洗濯機で丸洗いし、そのまま風呂場にでも吊るしておけば、翌日には滴る水の重みで、アイロンをかけなくともきれいに伸びてしまうものもある。

いっぽうで、化繊を洗濯したら縮んでしまった、という声も聞く。表示をよく読むことが大切である。

また、アイロンをかけるときには、特に注意が必要。溶けてしまったり、溶けないまでも、変なにおいのするものもある。アイロンは低温で、当て布をし、そして長時間はあてないことが大切である。

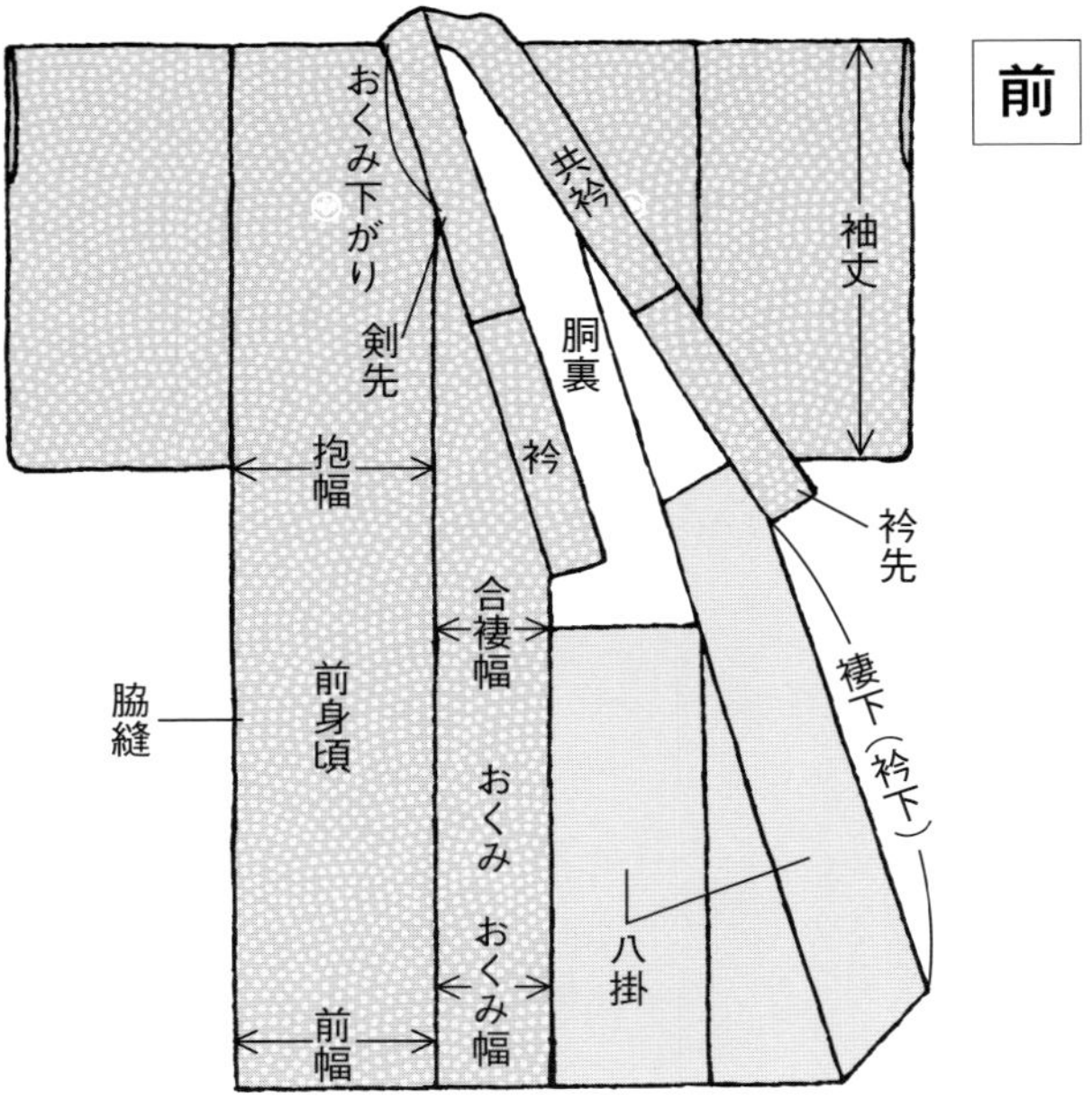

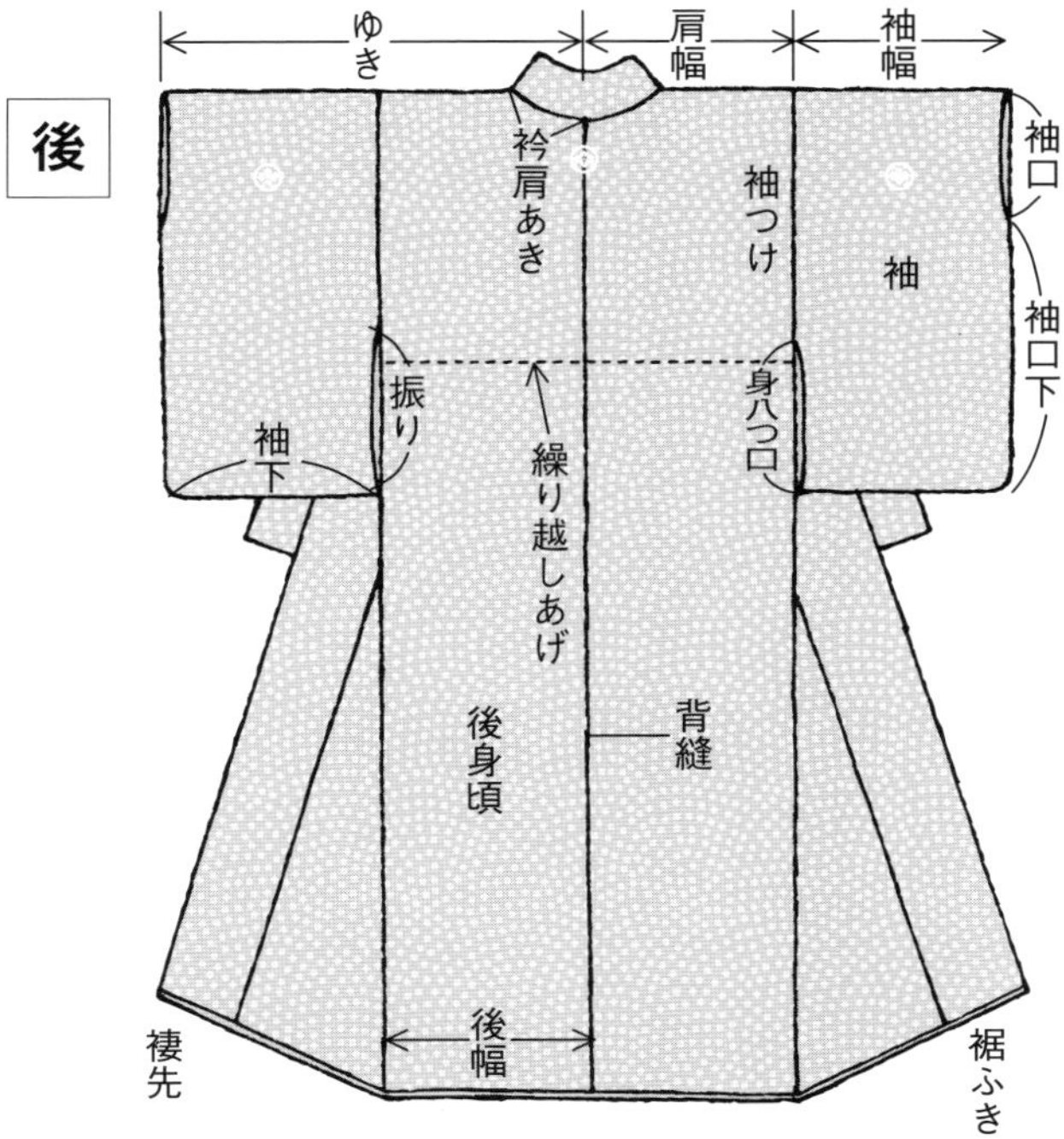

きものの各部の名称

きものの各部分には「おくみ」「裾ふき」など独特の名がついている。はじめのうちは戸惑うことも多いかもしれないが、これらの名称も覚えておきたい。

きものと帯のたたみ方

きものは、きちんとたたんでしまっておくこと。正しい手順でしまわないと、着たとき目立つところにたたみジワなどができてしまったりする。長襦袢、きものと帯の代表的なたたみ方を紹介する。

長襦袢のたたみ方

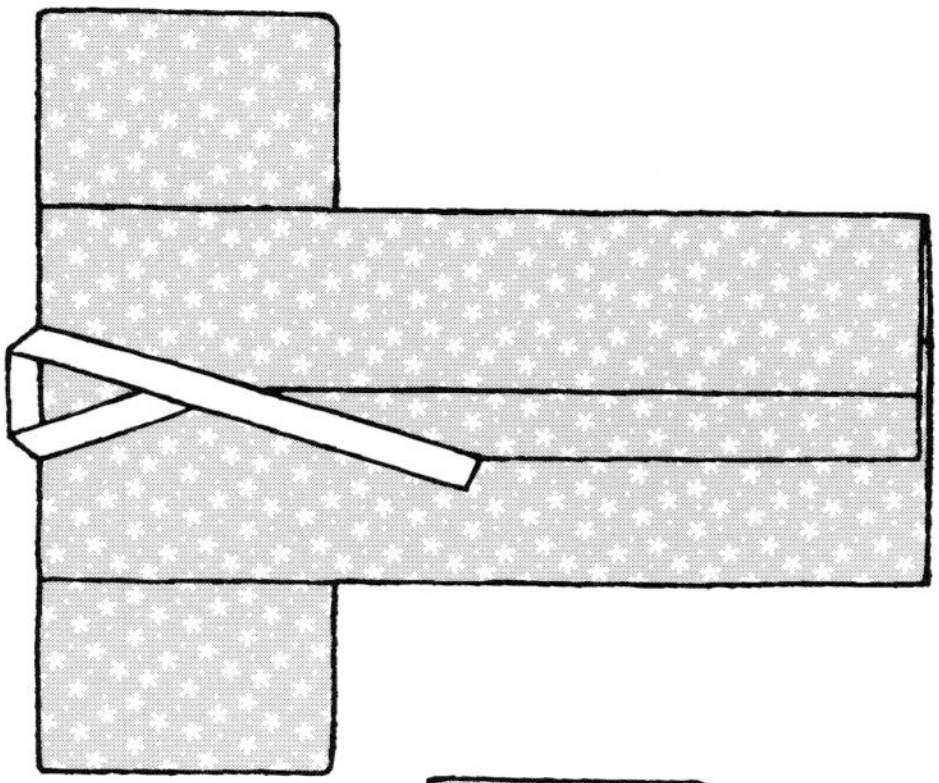

1 両脇の縫目から、下前・上前の順に整えて重ねる。

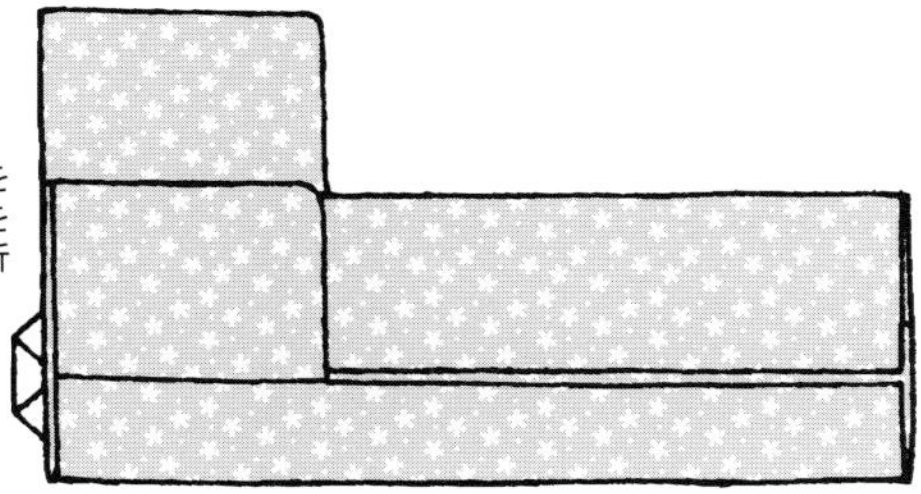

2 下前の脇縫を持って、身頃を中央の方向に折り返す。

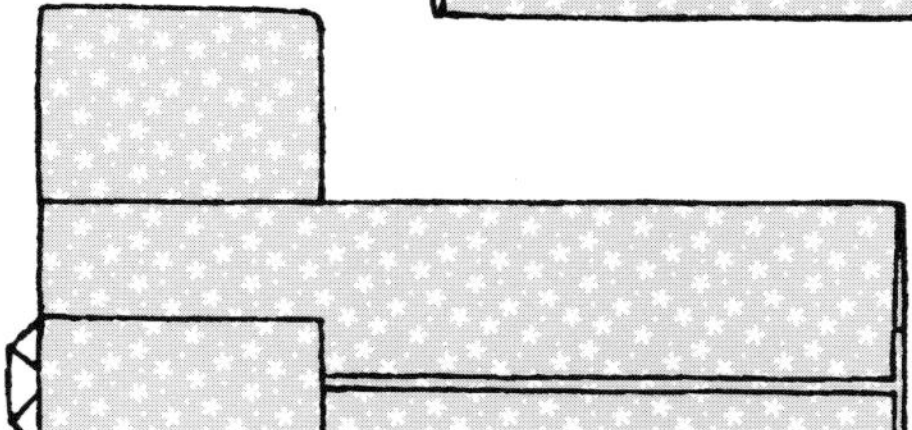

3 右袖を手前に折り返す。袖口は右脇線より出ないように注意。

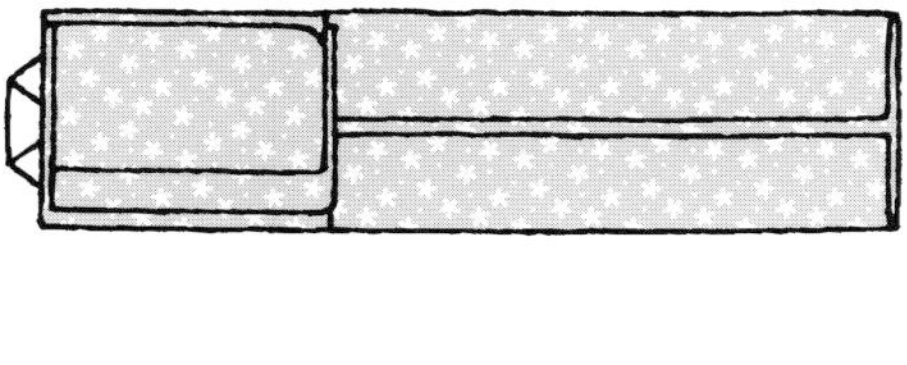

4 上前（左）も同様に、身頃、袖を折り返す。

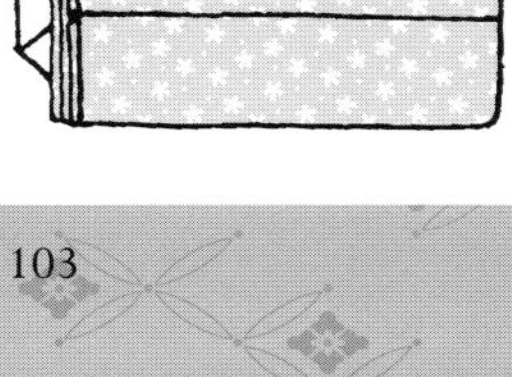

5 裾を持って、身丈を二つに折ってできあがり。

きもののたたみ方

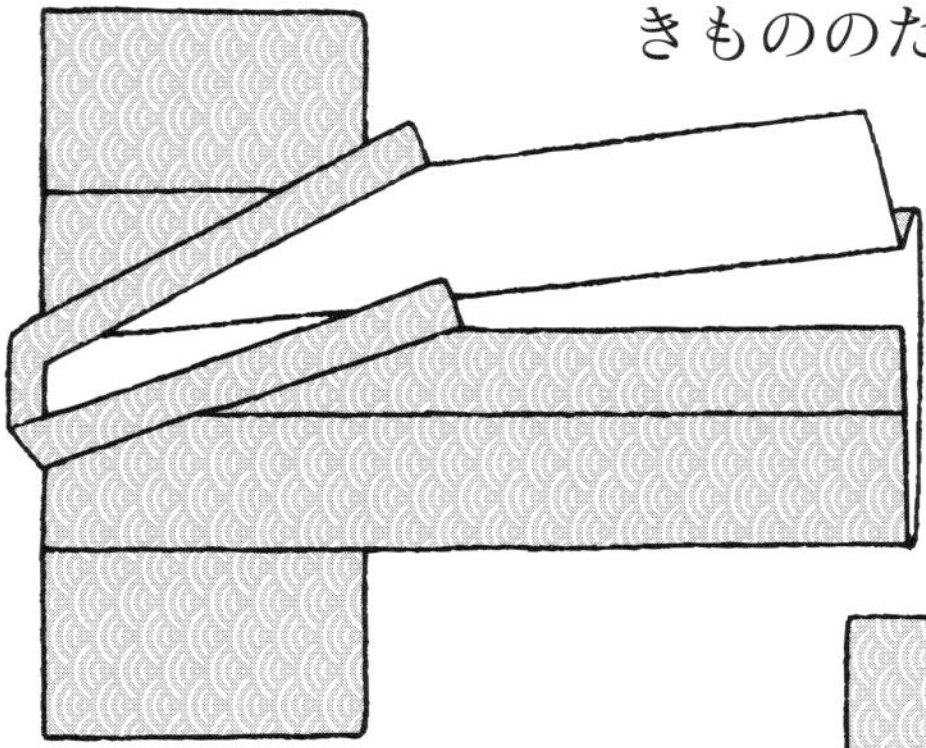

1 肩山を左、裾を右にして広げ、下前の脇縫を整える。おくみと身頃の衿のシワを伸ばしておく。

2 下前のおくみの縫目から手前に折り返す。衿肩あきの部分は、内側に折る。

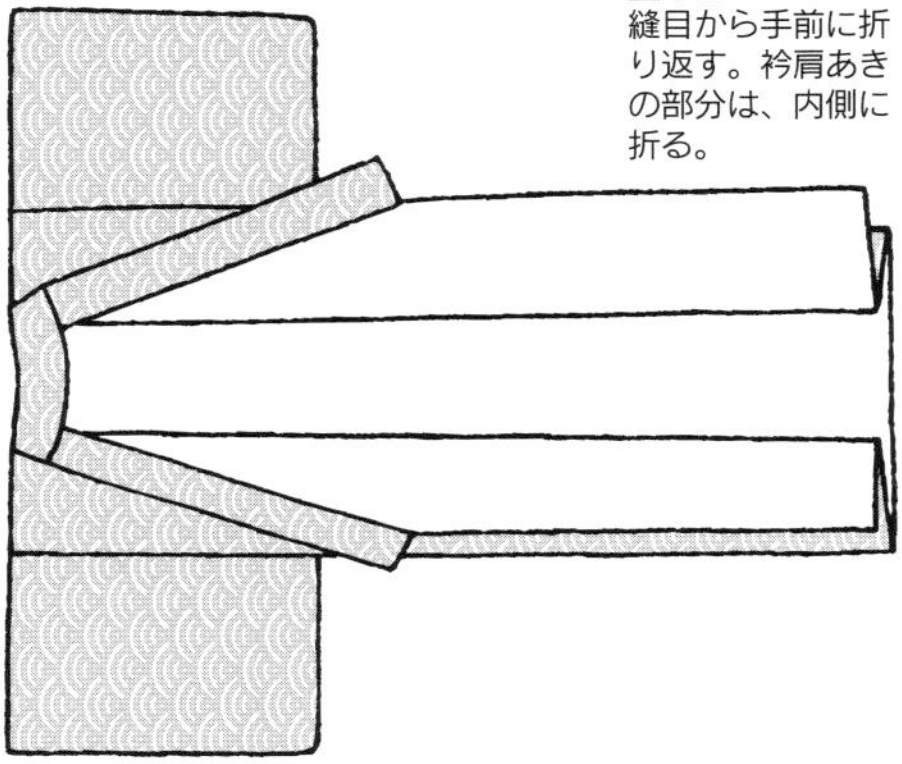

3 折り返した下前の上に、上前の衿・おくみを重ねる。

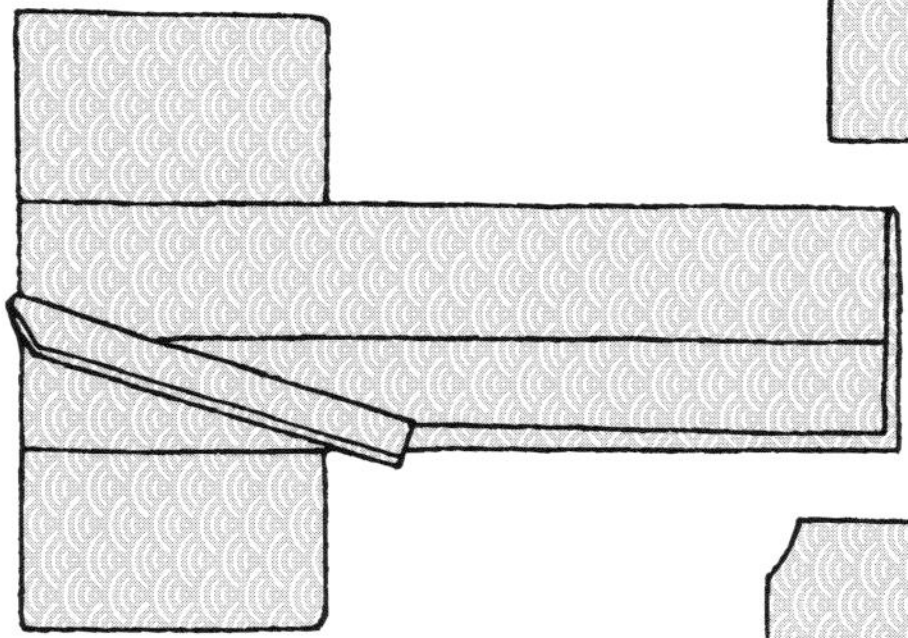

4 上前の脇縫の線を、下前の脇縫に重ねて揃える。身頃が重なる。

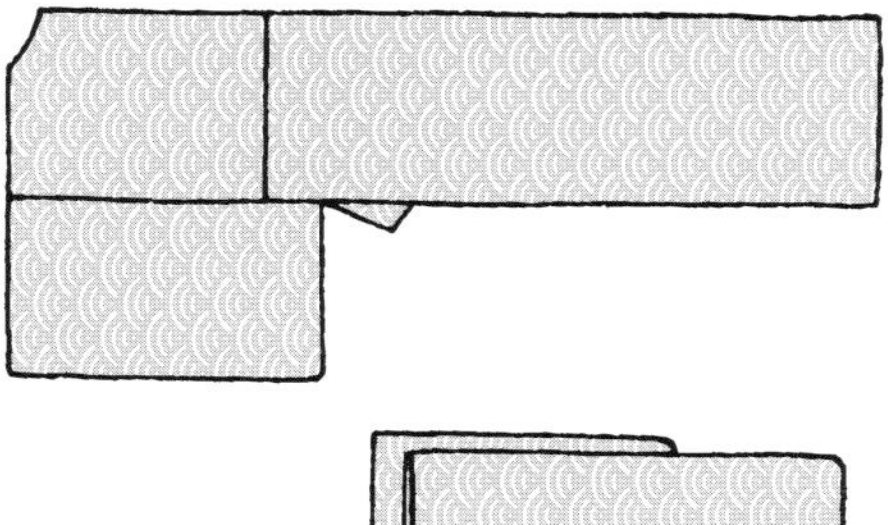

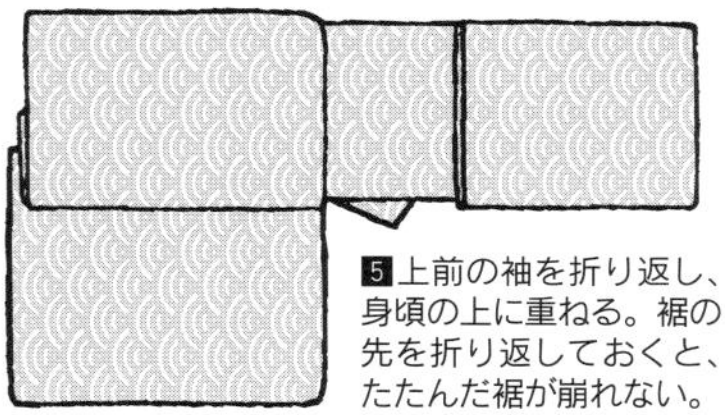

5 上前の袖を折り返し、身頃の上に重ねる。裾の先を折り返しておくと、たたんだ裾が崩れない。

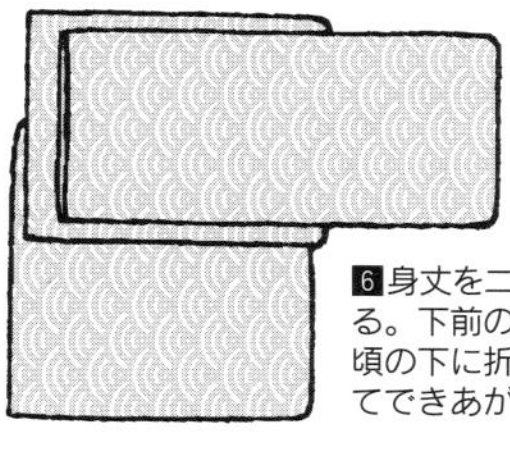

6 身丈を二つに折る。下前の袖は身頃の下に折り返してできあがり。

袋帯のたたみ方

1表が出るようにして、真ん中から二つに折る。

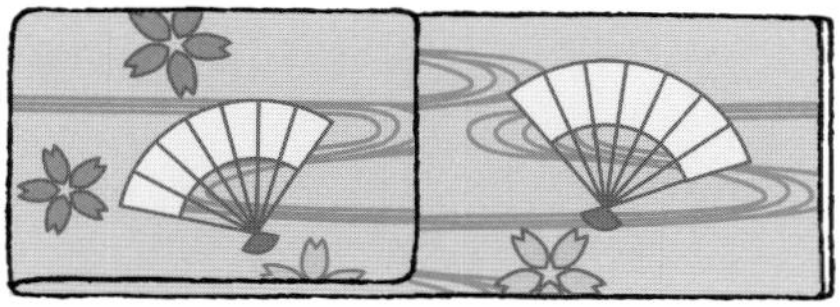

2端から三分の一を折り返す。

3反対側の端も、三分の一を折り返す。

名古屋帯のたたみ方

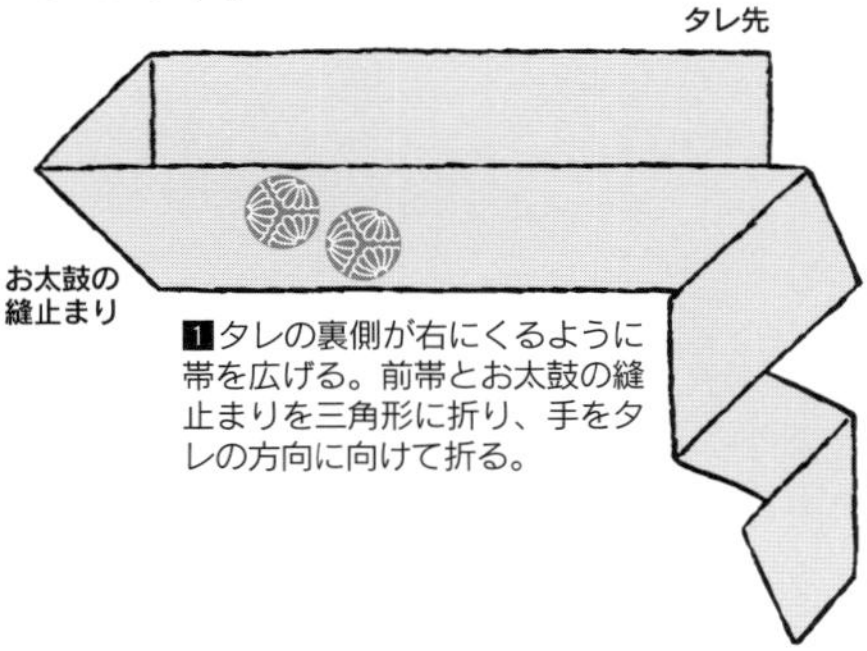

1タレの裏側が右にくるように帯を広げる。前帯とお太鼓の縫止まりを三角形に折り、手をタレの方向に向けて折る。

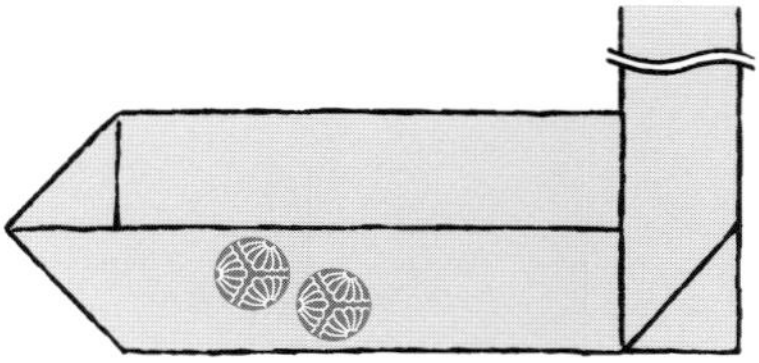

2手先を九十度上に、タレの先端に沿うように折る。

3手先を三角に折り、縫止まりのほうに流す。

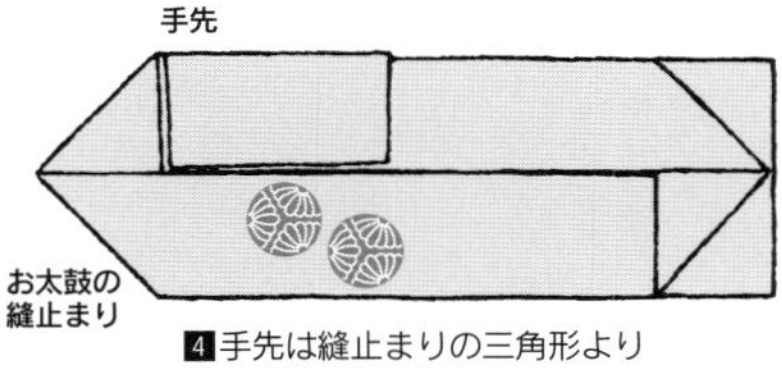

4手先は縫止まりの三角形よりやや内側で折り返す。

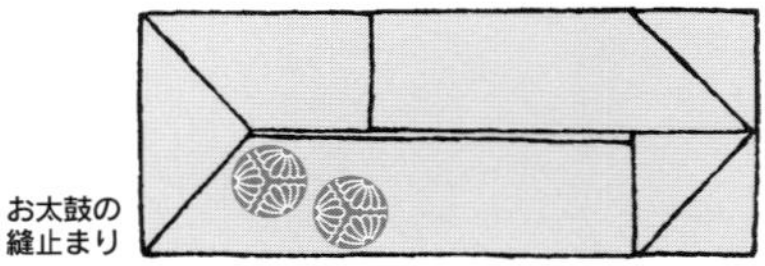

5縫止まりを内側に折る。

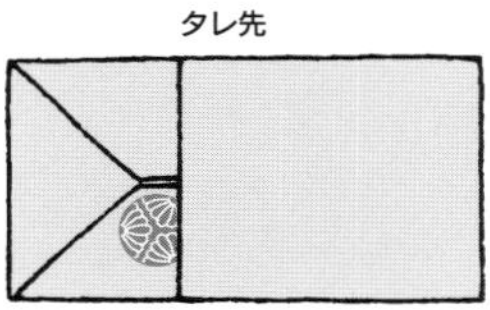

6タレ先を持ち、柄がおれないように注意しながら、全体を二つに折る。

家紋について

私たち日本人はどこの家でも家紋を持っているが、これは世界的にも珍しい。ヨーロッパなどでは王家や貴族階級には紋章があるが、大衆にはない。家のルーツを表わす家紋はデザイン的に見ても美しいものである。

時代とともに発展してきた家紋

家紋の起源は、平安時代の中期頃、有職《ゆうそく》紋様が公家の衣服の紋様として使われるようになったことにあると思われる。

束帯《そくたい》の袍《ほう》の紋様に、自分の家特有のものを用いたことからはじまり、調度品や御所車などにもつけられるようになった。

有職文様から転化した公家の紋所は、優雅で洗練されたものが多いのに対して、武家の家紋は、戦場の幟《のぼり》や旗指物《はたさしもの》・陣幕などに、敵味方が判別しやすいようにとの意図で用いられたため、派手なものが多かった。

陣羽織などの衣服に使われるようになったのは、戦国時代あたりから。天下が統一され、平和な江戸時代になると、武士の家柄や格式が重んじられるようになった。礼を表わす方法として、家紋は重要な役割を果たすようになったのである。

太平の世が続くと、武家にも装飾的で優美なデザインも考案されるようになった。

やがて明治になり、男子の礼装であった裃《かみしも》などが廃止され、和服の礼装は、紋付のきものだけになった。

家紋の数と使い分け

家紋の格は、紋の数と紋の形によって表現される。五つ紋・三つ紋・一つ紋というように、数の多い方が格が上である。

五つ紋は第一礼装用であり、男子の場合は羽織ときものの両方につける。女子の場合は、留袖、花嫁衣裳の振袖、喪服などにつける。背中心に一つ、左右の外袖（後ろ袖）、両前身頃の胸、合計五つである。

紋の大きさは、男性は直径三・五〜三・八センチくらい。女性は直径二・一センチ前後。紋をつける位置は、背紋は背縫の中心、衿付けから五・七センチ下がったところ。前身頃につける抱き紋の位置は、肩山より十五センチ下がったところ。後ろ袖の袖紋は、袖山から七・五センチ下がったところである（102ページイラスト参照）。

三つ紋は、五つ紋より格は下になる。背中心と左右の外袖につける。男子の礼装用である羽二重の紋付には用いないが、略装として御召などに用いる。女子の場合には、色留袖や色無地に用いることが多いようである。染め抜き紋、縫紋《ぬいもん》の両方にできるが、三つ紋なら染め抜き紋のほうが格が出る。

一つ紋は背縫いに一つだけつける。男子は紬や御召の羽織に縫紋をする。女子は訪問着や綸子の色無地などに染め抜きの陰紋や縫紋をつける。

いろいろある紋の描き方

同じ紋でも、表わし方によって、表紋・地落とし・裏紋などさまざまな種類がある。主なものを左に紹介しておく。

また、さらに、紋を染め分けたり、縫い分けたり、ぼかしたりという加賀紋や、恋人同士の紋を組み合わせた比翼紋などもある。

さまざまな紋の種類

表紋
別名、日向（ひなた）紋ともいう。紋の形を白く染め抜く。

輪なし
表紋と同じだが輪を省いて柔らかな感じを出し、女紋として使用される。

裏紋
陰紋ともいい、輪郭だけで紋の形を細く染め抜く。また、縫紋で輪郭を表わす場合もある。

地落とし
石持（こくもち）といって、紋のところだけ丸く白に染め残しておき、後から白に黒で紋の形を書き入れる。

のぞき紋
芸人などが好んで用いた粋な紋で、紋を半分のぞかせる。

縫紋 ぬいもん
紋の形を縫取で表現したもの。さらに縫い方によって、イラストのような芥子縫（けしぬい）、須賀縫、蛇腹縫、絞り縫などがある。

文様のいろいろ

きものや帯には、さまざまな文様が用いられる。吉祥模様や、遠くシルクロードを通って伝わったものなど、長い間に定着していったものである。模様の意味なども知っておくと、きものの楽しみがいっそう広がる。

【御所車文＊ごしょぐるまもん】

王朝の貴族たちが、外出に用いた牛車のことを御所車という。御所車文は、御所の風景の中に置かれたり、花園に配置したりする。人や牛は描かれないが、イメージが広がって夢のある文様といえよう。この車に花を飾ったものが花車である。

【束ね熨斗文＊たばねのしもん】

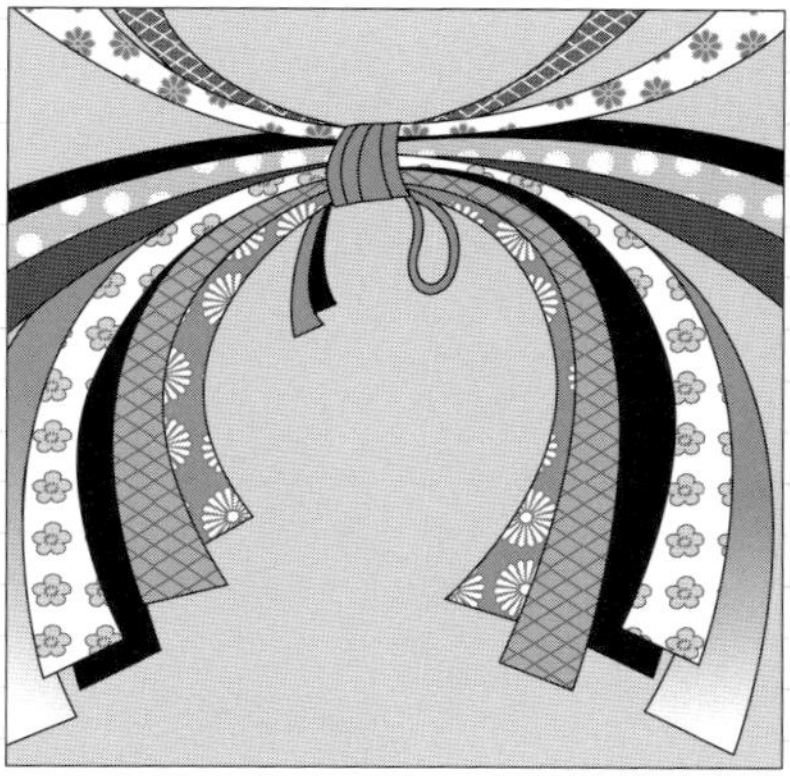

振袖の肩から背中にかけて大胆に構図されたり、七五三や赤ちゃんの祝い着などにも使われる、めでたい文様である。熨斗は、鮑（あわび）の肉をのして（引き伸ばして）祝儀用の引き出物などに用いたものだが、これを細長く帯状に図案化。何本かを束ねたものが束ね熨斗で、吉祥文様である。

【寿文＊ことぶきもん】

おめでたい場に用いる吉祥文様で、長命や祝い事を表わす「寿」の文字をさまざまな書体で図案化したもの。字体も配置もいろいろで、織物にも染物にも用いられる。袋帯の模様や、風呂敷・祝袱紗（いわいふくさ）など、多く使われている。

【揚羽蝶文＊あげはちょうもん】

向い蝶や花に蝶を散らしたものなど、蝶の模様は多種ある。中でも揚羽蝶は華やかで美しい。染めの蝶の羽に刺繍を施して、より立体的に見せたりする。脱皮をして、美しい蝶として舞い上がるという縁起のよさが、武家にも好まれたという。

【鶴丸文＊つるまるもん】

図のように一羽が羽を広げて丸を構成しているものもあるが、二羽の鶴が向かい合っている、向い鶴の鶴丸もある。花嫁衣裳の打掛や、丸帯・袋帯の豪華な織物に使われることが多い。友禅染の振袖などに用いられる吉祥文様でもある。

【吹き寄せ文＊ふきよせもん】

銀杏や松葉が、秋に散って木枯らしなどで吹き寄せられた様子を模様化したもの。全体に散りばめて、小紋のきものなどに染めたり、部分的に染め帯のお太鼓柄に用いたりする。秋の風情の漂う名でもあり、愛用されている。

【雉文＊きじもん】

雉は国鳥として、日本では重んじられている。母性愛が強く、子孫繁栄の吉祥鳥でもある。織り・染め両方に使われるが、羽も美しく、格調高い文様である。草花とともに用いる場合もあるが、雉だけでも描かれる。

【葵文＊あおいもん】

葵は、徳川の紋所として知られる。茎が伸びて葉をつけることから、発展するという意味を持つ縁起のいい文様である。長く伸びた茎の形のよさが、絵柄としても美しい。花と葉と茎で花丸文にもデザインしたりして、豪華な衣裳や帯に用いられる。

【四君子文＊しくんしもん】

菊・梅・竹・蘭の四種類の柄を組み合わせた文様。型に彫って型染めしたものや、手描きの友禅のように描いたものもある。梅、菊など季節の花が組み合わされているので、四季を通して使えるのが特徴である。

【源氏香＊げんじこう】

香道の組香での、点数のつけ方を図案化したもの。源氏香には、源氏物語の巻頭と巻末を除いた五十二帖の巻名がつけられている。組香では、出題された香りの名前を、線をつないだ図柄で答える。その図柄が面白いというので、衣裳や食器などに広く使われている。

【桐竹鳳凰文＊きりたけほうおうもん】

皇室の衣服や調度品にも多く使われ、吉祥高貴の文様として尊ばれてきた。鳳凰は中国の伝説上の鳥で、聖帝が世に出現するときだけ、祝いに姿を現すと伝えられる。桐の木に住み、竹の実を食べるといわれ、この三つが組み合わされている。

【菊水文＊きくすいもん】

楠木正成（くすのきまさしげ）の旗印の紋として知られており、延命長寿のめでたい柄として使われる。流水に菊の花びらが半分浮かび上がっているが、「浮かび上がる」という縁起のよさで好まれているのだろうか。

【雪輪文＊ゆきわもん】

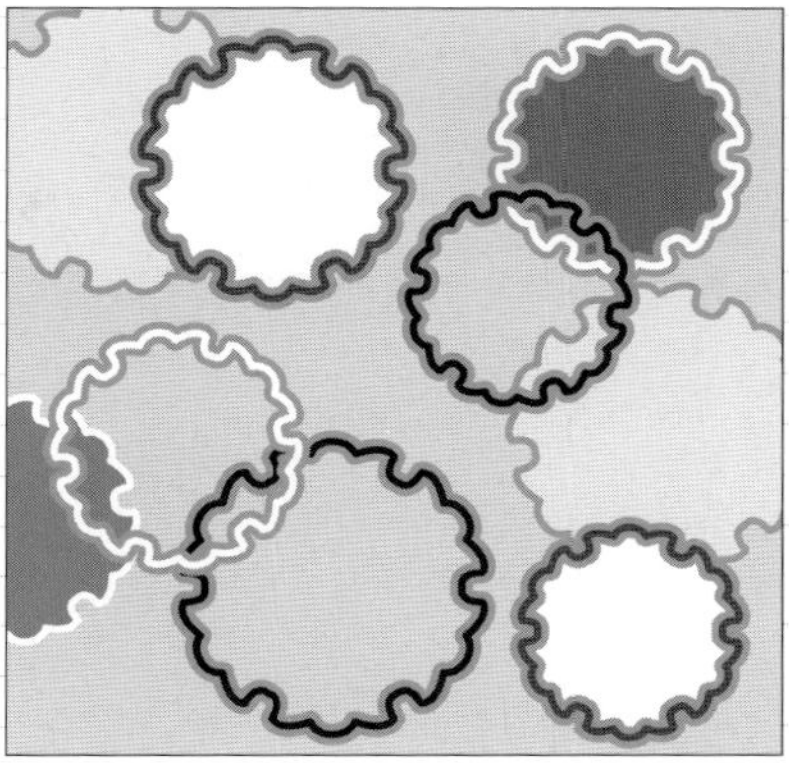

円形を削り取ってくぼみをつくったものを雪輪という。この形だけで使用する場合もあるが、雪輪の中に季節の花を入れた華やかなものもある。似たようなものに雪華文というのがあり、これは雪の結晶を表したものである。

【観世水文＊かんぜすいもん】

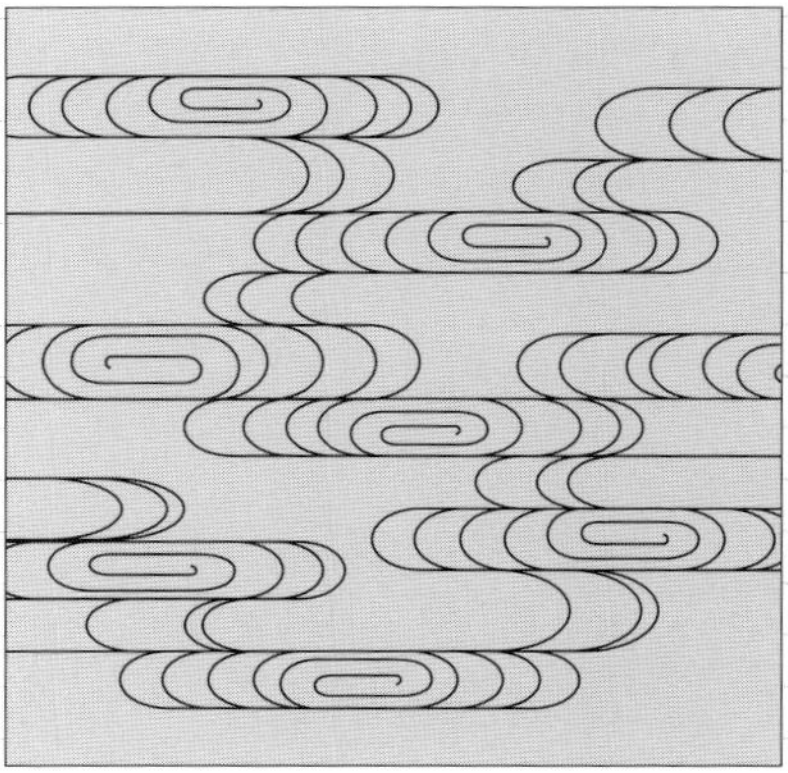

渦巻いた水を表現しており、観世流の定式文様として知られている。能装束や中啓（扇）などにも使われ、格調高い文様である。単純だが品のよさを感じさせる。

【花丸文＊はなまるもん】

花を円形に図案化したもので、菊や梅、草花など、花であれば何でもつくられる。織物や染め、刺繍などでも表現される。雪輪と一緒に用いても美しい。特に豪華な振袖などでは、花の周囲や先に刺繍を施して立体感を出したりする。

【青海波文＊せいがいはもん】

波を表現し、古くから能装束などに摺箔（すりはく）の技法で用いられてきた。江戸時代に、武士の裃やきものに小紋染めとして用いられるようになった。縁起のいい文様として好まれるが、宇宙大霊の波、神の霊波を表わす文様ともいわれる。

【牡丹唐草文＊ぼたんからくさもん】

唐草の起源はナイル川周辺と考えられ、名物裂や、正倉院御物など舶来の織物の布にも多く見られる。もともと、古代の人々にとって豊饒と多産のシンボルであったナツメや、生命の蘇りと考えられ、神聖視されていた水蓮など植物の曲線を文様化したもの。鉄線唐草など多種類がある。

【七宝文＊しっぽうもん】

輪つなぎの一種で、円形を四つ重ねてつないでいく。七宝とは仏教で、金・銀・瑠璃（るり）・波璃（はり）・珊瑚（さんご）・瑪瑙（めのう）・真珠などを指し、これを模様化したといわれる。室町の頃、中国から織物として伝来した文様。

【忍冬文＊にんとうもん】

梅雨時に可憐な花を咲かせる、すいかずら科の植物を図案化したもの。遠くギリシャやペルシャを通って日本に伝えられ、飛鳥時代の法隆寺の釈迦三尊像の後背などにも見られる。外来の文様でありながら、日本的な文様としてお馴染みである。

【紗綾形文＊さやがたもん】

平安貴族の織りの装束の中にも、この文様はよく見られる。中国から織りの文様として伝来したと思われるが、江戸時代になると庶民にも用いられた。仏教の卍字形をアレンジして模様化したもので、現代では綸子や緞子の地紋織として広く用いられている。慶弔両用である。

【亀甲文＊きっこうもん】

六角形の形が亀の甲を連想させるので、この名がついたといわれる。「亀は万年」にあやかり、吉祥長寿のめでたい柄として、広く大衆に愛されている。平安朝の有職文様や能装束、現代の袋帯に至るまで、幅広く用いられている。

【麻の葉文＊あさのはもん】

麻の葉に似ていることからこの名がある。麻は丈夫で成長が早いのにちなみ、赤ちゃんの産着などに使われる。その他、長襦袢や伊達締めなど広く使用されている。正六角形を基本にして図案がつくられているともいわれるが、見ようによっては、籠目文を基本にしているようにも見える。

【籠目文＊かごめもん】

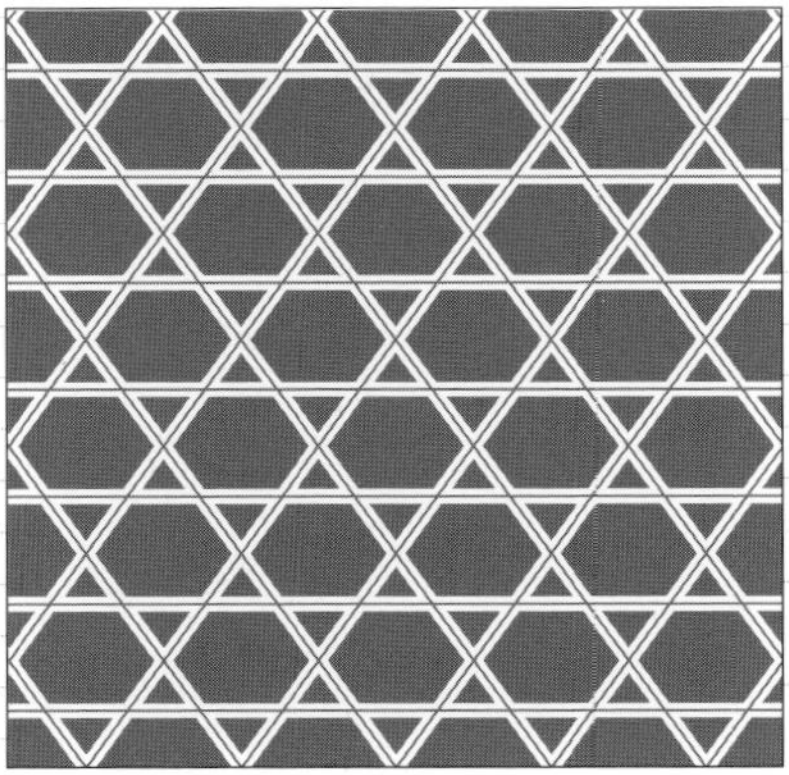

竹で籠を編むと、横と斜めの竹の線が幾何学文様をつくるが、この編目のひとつをよく見ると、ダビデの紋章になっている。この紋章は、太古のムー大陸の紋章でもあったという。この文様を赤ちゃんの産着の背紋や付紐の根元に飾り糸で縫い、子供の成長を祈った地方もある。

【吉原つなぎ＊よしわらつなぎ】

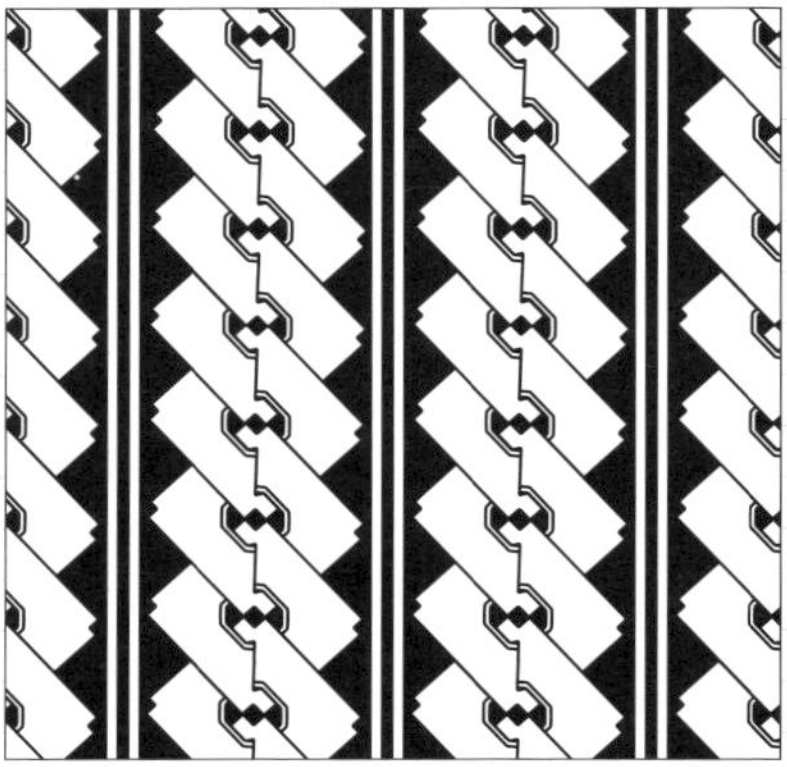

江戸の祭りの半纏（はんてん）や、手拭い、ゆかたなどに用いられ、江戸を代表する文様。現代でも広く使われている。鎖の連続文様で、吉原の郭に入ったらつながれて、なかなか解放されないことにちなんだ名前という。

【毘沙門亀甲＊びしゃもんきっこう】

亀甲文の一種で、亀甲の山を三つ組み合わせて図案化したもの。四天王の一神である毘沙門天は、七宝荘厳（しっぽうそうげん）の甲冑を着た福徳富貴の守護神として、七福神の一神ともされる。その甲冑の文様が亀甲であったために、この名がつけられたといわれる。

【万筋＊まんすじ】

縞のことを筋（すじ）ともいう。万筋とは、一幅の中に万本もの縞があるという意味で、細いタテ縞のこと。千筋もあるが、万筋より縞と縞の間隔が広い。近くに寄らないと無地に見えるほど細いものを、毛万筋とか極万筋（ごくまんすじ）といっている。

【鱗文＊うろこもん】

三角形と逆三角形を交互に組み合わせた文様で、魚の鱗を連想させる。能や歌舞伎では、蛇の化身や鬼女の衣裳によく使われる。魔除けになるともいわれ、女性の厄年には特に身につける習慣がある。おそらく、龍神の鱗の意味で、龍神が身を守るのではないかと考えられる。

【鮫文＊さめもん】

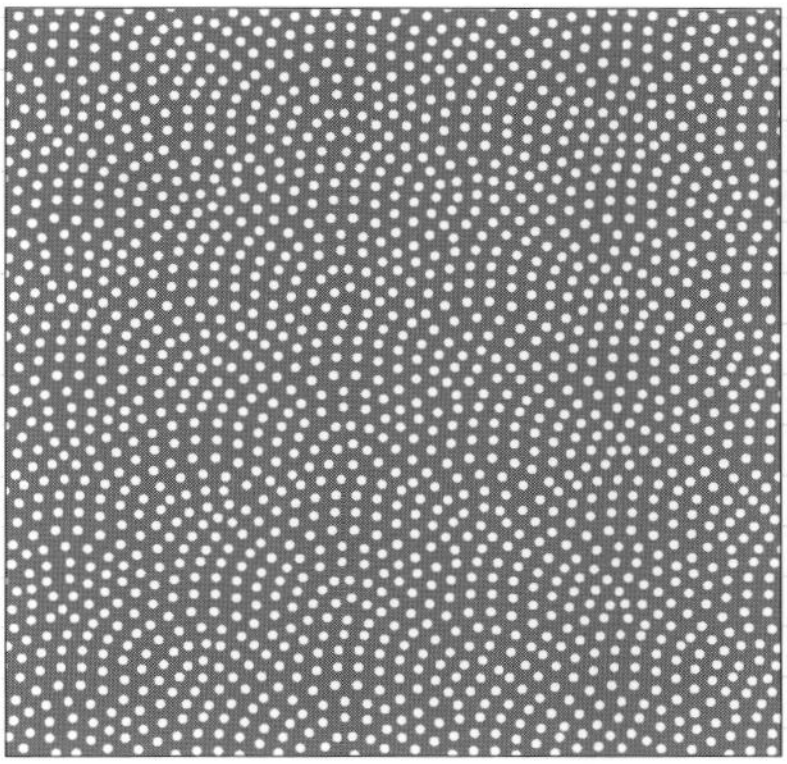

鮫小紋で有名なこの文様は、細かいつぶつぶが鮫の皮に似ているので、この名がある。江戸時代には、大名家が小紋柄を裃や足袋に染めた。鮫小紋は、九州島津家の定小紋であった。格調高い小紋柄として用いられ、鮫小紋のきものには紋をつけると、色無地と同じ格で着ることができる。

【むじな菊文＊むじなきくもん】

慶弔ともに用いられる模様なので、白の長襦袢の綸子の地紋にしたり、喪服の帯の地紋に使われたりする。また、江戸小紋などの染物にも用いられるなど、広く使われている。菊の花びらを細く、まるでむじなの毛のように表現するので、この名があるといわれる。

【雲立涌文＊くもたてわくもん】

立涌の中に雲をあしらった文様で、有職文様として平安貴族の間で用いられた。格調高く、礼正装用の袋帯の柄として使われることが多い。もちろん染めの模様として、小紋のきものにも使われる。雲を外せば立涌文となる。

【通し文＊とおしもん】

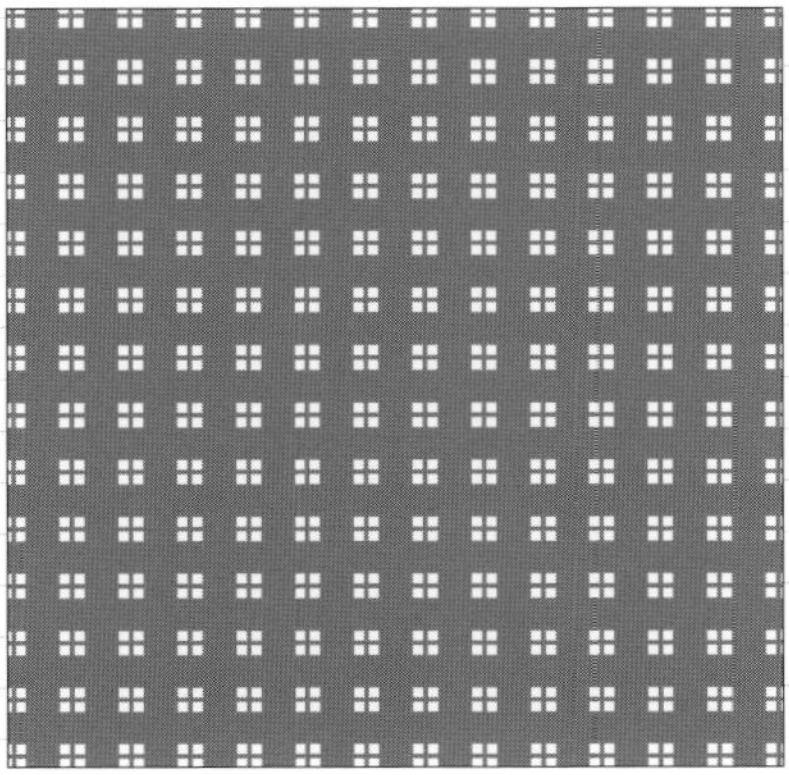

鮫小紋と並んで格調高い江戸小紋柄で、細かな粒が縦横に整然と列をなしている。粒の形はきっちりとした正方形のものもあり、これを角通し（かくどおし）という。紋付のきものとして着ることができる。

きものと帯の用語

五十音順

青花（あおばな）◆手描き友禅などの下絵を描くときに使用する。露草の液汁を和紙（青花紙、藍紙）に含ませて乾燥させ、それを水で溶いて使う。

綾織（あやおり）◆「織りの三原組織」の一つで、タテ糸をヨコ糸が二つおきにすくっていく。タテ糸・ヨコ糸の織目が斜めに配置されていくのが特徴。綸子は綾織に属する。斜紋織ともいう。

板締め（いたじめ）◆もともとは天平の三纈《さんけち》の中の夾纈《きょうけち》のこと。板締め友禅、板締め絞りなどいろいろに使われるが、要するに、板に型を彫って、板と板の間に布を挟んで染め上げる方法のこと。

衿比翼（えりひよく）◆比翼仕立てをより簡略化し、衿のところだけを二枚重ね着しているように見せて仕立てたもの。

帯枕（おびまくら）◆帯を結ぶのに必要な枕のこと。

御召（おめし）◆御召とは、先染めの御召縮緬《ちりめん》のことで、御召緯《おめしぬき》と呼ばれる先練《さきねり》糸《いと》を使用する織物。先練糸とは、生糸のまま不純物を取り除いた絹糸のことで、これを染めて、わらび粉を主成分とした糊で糊付けする。さらに糸一メートルに二千回以上の撚りをかけたS撚り（右撚糸）・Z撚り（左撚糸）の糸を、二越《ふたこし》（S撚り・Z撚りをそれぞれ二本ずつ交互に織り込む）に織ったもののこと。

絣足（かすりあし）◆絣模様と地色との境目。

生糸（きいと）◆蚕の繭から括り取った絹糸のこと。精錬されていないので、染まらない。

生織物（きおりもの）◆生糸を精練せずに生《き》のまま織ったものの総称。羽二重、ちりめん、綸子などの白生地を指し、織り上がった後に精錬し、染色をして使う。

着尺（きじゃく）◆きもの用の織物のこと。大人のきもの一着分の長さは一反だが、この幅を着尺幅といい、九寸五分（鯨尺：約三十六センチ）である。長さは着尺丈ともいい、三丈（約十一メートル四十センチ）であった。しかし、現代人は背も高いので、一反の長さは三丈三寸ほど必要である。

生機（きばた）◆織り上げたままで、精錬や仕上げなどをしていない織物のこと。

生平（きびら）◆タテ糸・ヨコ糸とも苧麻糸《ちょまいと》・大麻糸を用い、漂白しない麻布のこと。祭礼の衣服などに多く使われる。

豆汁（ごじる）◆大豆を水につけてふやかし、すりつぶした豆乳状の汁。友禅染めなどの後染めのきものを染める場合、直接布地に染色すると色がにじんでしまったり、よく染まらなかったりする。そこで色の定着をよくするために、彩色する前に豆汁を引く。

古代裂（こだいぎれ）◆正倉院や法隆寺の宝物の中には、貴重な布地が含まれているが、それらのことを指していう。また、茶人が好んで用いた渡来品の織物などで、茶器などを包むために用いられた名物裂《めいぶつぎれ》などのこと。これらを含めて、古代裂といっている。

繻子織（しゅすおり）◆平織や綾織同様、繻子織も、タテ糸をヨコ糸がすくう数が四本、五本おきというように決められている。その数によって、織物の表面に光沢が出る。タテ糸をヨコ糸ですくう回数が少ないほうが光沢は出るが、生地としての強度は劣る。

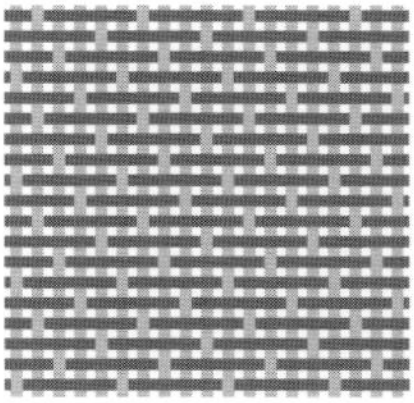

上布（じょうふ）◆麻で織られる布で上等のものをいう。苧麻を極細に裂いた糸で織る。

摺箔（すりはく）◆生地に金箔や銀箔を貼って文様を表現する手法。

精錬（せいれん）◆不純物を取り除く作業。精錬の工程によって、糸や生地が染まりやすく、柔らかくなる。

玉繭（たままゆ）◆二匹の蚕が一緒につくった繭。

苧麻（ちょま）◆麻の一種。茎の皮を細く裂いて糸をつくる。

対丈（ついたけ）◆女物のきものは、丈を自分の身長よりも長くして、お腹あたりでおはしょりをつくるが、男物はつくらない。「対」とは揃える（同じにする）という意味で、おはしょりをつくらず、自分の身丈通りの長さであること。

綴織（つづれおり）◆綴錦《つづれにしき》と混同して使われる場合が多く、両方とも主に帯地に使用され、一見すると似ているが正確には異なるもの。綴織は普通の手織機を用いて織られるものを指す。これに対して綴錦は飛鳥・奈良時代から伝わり、祭壇掛けや壁掛けなどに用いられた。綴織機《つづれおりばた》で織られ、現代では高級帯地として、爪の芸術といわれている。

紬（つむぎ）◆同じ紬でも、大島紬は生糸で織られ、郡上紬は玉繭から直接引く糸で織られる。また屑繭や、玉繭を伸ばしてつくった真綿から紡いだ絹糸で織る紬もある。全国の養蚕の盛んな地域で、古くから日常着用として織られてきた。かつては普段着だったが、最近は付け下げや訪問着も織られている。

捺染（なっせん）◆染色技法の一種で、型付けとか、型染めなどともいわれる。型紙や板型、現代では機械ロールなどを使用して、布地に模様を定着させていく方法のこと。

錦織（にしきおり）◆糸錦、綴錦、金襴《きんらん》、暈絢《うんげん》などなど、豪華な色彩模様を施した高級美術織物の総称として使われている。

人形（にんぎょう）◆女物のきものの袖は、振りといって袖付けの下を空けて袖が揺れるようになっている。これに対して、男物は振りを縫って塞ぐ。この袖の閉じてある部分を指して人形という。

縫取御召（ぬいとりおめし）◆紋御召の一種。布地の上に、刺繍のように文様を織り出す技法のことを「縫取」という。

八丁撚糸（はっちょうねんし）◆八丁撚車ともいわれる撚糸機で織った糸のこと。この撚糸機には大きな車がついていて、使用すると自然に水がかかる仕掛けになっており、特にちりめんには理想的な糸が撚られたという。

比翼仕立て（ひよくじたて）◆衿、袖口、振り、裾だけをきものを二枚重ねて着ているように見せて、胴抜きに仕立ててある着物をいう。

平織（ひらおり）◆織物の基本的な織り方を「織りの三原組織」というが、その中でもっともシンプルで単純な織り方である。きものでいえば、ちりめん、羽二重、銘仙などが平織である。タテ糸とヨコ糸が一本ずつ交互に組み合わさって織られる。肉眼では見えにくいがルーペを使ってのぞくと、ちょうど市松模様のように見える。

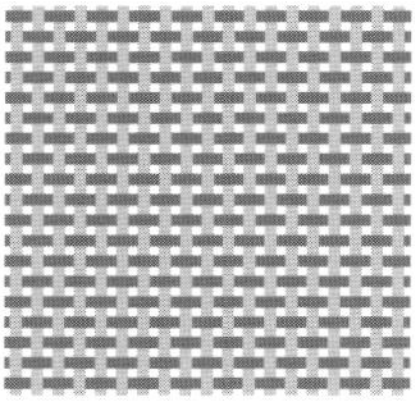

風通御召（ふうつうおめし）◆風通とは紋織の一種で、表裏が同じ模様でリバーシブルになるような織り方をしたもの。両面錦とも呼ばれ、古い時代からあった。また、このような組織の織物に御召緯糸を使用したものを風通御召と呼ぶ。

ほぐし捺染（ほぐしなっせん）◆仮織りした布に、型紙を使って柄を染める方法。水洗いをし、乾燥させてから本織りをするが、このとき、仮織りのヨコ糸をほぐしながら、染まっていない無地のヨコ糸を入れるため、柄がにじんで見える。

振り織（もじりおり）◆夏の紗は、振り織である。ヨコ糸一本ごとにタテ糸に捩《よじ》り目をつくる。それによって生地に隙間ができる。その組織を連続させて織ったのが紗である。捩り目が連続しているので、透けて見えて涼しげである。

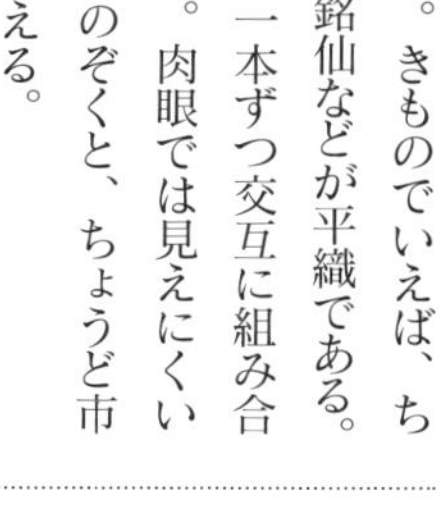

紋織（もんおり）◆一般的には、紋織機を使って文様を織り出した布のこと。

有職文様（ゆうそくもんよう）◆織物とともに大陸から渡来した文様を、日本独自に単純化して定着したもの。古くから公家階級の調度品や装束に使われていた。立涌《たてわく》、花菱《はなびし》などさまざまある。

六通柄（ろくつうがら）◆帯の柄には、胴からお太鼓にかけて通して同じ柄が続いているもの（全通）と、腹の部分とお太鼓の部分にだけあるもの（お太鼓柄）、さらに、帯の外見だけにあって、二巻きする胴の中に入って見えない部分には柄のないもの、とがある。全体の六割だけに柄のあるものを「六通」と呼ぶ。

滝沢静江　（たきざわしずえ）
滝沢静江きものアカデミー校長。日本着装文化伝承協会会長。NHK学園講師（オープンスクール）。きもの研究家として、服飾史や、織り・染めの研究、着付け技術の指導に当たっている。カーネギーホール（ニューヨーク）、オペラハウス（オーストラリア）、オーデトリアム（パリ）、国立劇場（日本）など、世界各国の劇場で「きもの絵巻衣舞」公演を開催。また、来日する世界の要人たちに、きもの文化を紹介するパフォーマンスなどを行っている。海外大学をはじめ各地での講演、テレビ出演など幅広く活動中。著書に、『やさしい着付けと帯結び』（金園社）、『きもの花伝』（毎日新聞社）など多数。

着物《きもの》の織《お》りと染《そ》めがわかる事典《じてん》

2007年6月20日　初版発行
2021年10月10日　第9刷発行

著　者　滝沢静江
発行者　杉本淳一

発行所　株式会社日本実業出版社　東京都新宿区市谷本村町3－29　〒162-0845
編集部　☎03-3268-5651
営業部　☎03-3268-5161　振　替　00170-1-25349
https://www.njg.co.jp/

印刷・製本／図書印刷

この本の内容についてのお問合せは、書面かFAX（03－3268－0832）にてお願い致します。
落丁・乱丁本は、送料小社負担にて、お取り替え致します。

ISBN 978-4-534-04224-8　Printed in JAPAN